RAFAEL LLANO CIFUENTES

A ALEGRIA DE VIVER

4ª edição

Conheça nosso site

@ @editoraquadrante
♪ @editoraquadrante
▶ @quadranteeditora
f Quadrante

 QUADRANTE

São Paulo
2023

Copyright © 1993 Quadrante Editora

Capa
Provazi Design

Dados Internacionais de Catalogação na Publicação (CIP)

Cifuentes, Rafael Llano Cifuentes, 1933-2017
A alegria de viver / Rafael Llano Cifuentes — 4ª ed. — São Paulo: Quadrante, 2023.

ISBN: 978-85-7465-517-8

1. Alegria 2. Amor 3. Autoestima - Aspectos religiosos 4. Deus - Amor 5. Fé 6. Humildade 7. Otimismo I. Título

CDD-241.4

Índice para catálogo sistemático:
1. Alegria: Cristianismo 241.4

Todos os direitos reservados a
QUADRANTE EDITORA
Rua Bernardo da Veiga, 47 - Tel.: 3873-2270
CEP 01252-020 - São Paulo - SP
www.quadrante.com.br / atendimento@quadrante.com.br

SUMÁRIO

A NATUREZA DA ALEGRIA 5

AS FALSAS ALEGRIAS 15

A ALEGRIA DE VIVER O CRISTIANISMO .. 31

OS DIFERENTES ROSTOS DA ALEGRIA 51

SAIR AO ENCONTRO DA ALEGRIA 115

NOTAS 155

A NATUREZA DA ALEGRIA

O caráter peculiar da alegria

Todos nós desejaríamos possuir a alegria. Todos nós gostaríamos de torná-la parte integrante do nosso ser, de senti-la sempre lá bem dentro de nós, no fundo da nossa alma... e poder cantar de alegria, rir de alegria, chorar de alegria..., amar de alegria!

Mas, como conseguir algo tão grande? De onde provém a alegria? Como é possível que comece tão efusivamente e se vá embora tão depressa? Como fazer para nunca perdê-la?

É difícil responder a essas perguntas porque a alegria tem uma natureza muito peculiar. Quando se quer adquirir uma coisa comum, sabe-se como consegui-lo. A alegria, não. Se perguntarmos a alguém como ganhar dinheiro, responder-nos-á: «Trabalhe»; se o interrogarmos sobre como aprender matemática, dir-nos-á: «Estude»; sobre como encontrar emprego, aconselhará: «Procure-o!» Mas se alguém nos questiona sobre como ser uma pessoa alegre, ficamos perplexos, não sabemos como responder. Ninguém aceita pacificamente que lhe digamos: «Esforce-se, cante, ria, tenha bom humor...»

Por quê? Porque a alegria é algo diferente, tem uma natureza singular. Já Aristóteles e São Tomás descobriram o seu caráter peculiar: a alegria, mais do que uma simples virtude, é o fruto, o resultado de uma vivência.

Nós diríamos que é como que a manifestação sensível de uma situação interior, ou, melhor, o sintoma mais preciso de um íntimo ajustamento pessoal. Se a dor é o sinal — o censor — de um estado patológico, a alegria é o indicador de um estado de plenitude vital.

Assim o expressa Bergson: «A natureza avisa-nos por um sinal preciso que o nosso destino está atingido. Esse sinal é a alegria [...]. Onde há alegria, há realização»[1].

Se quiséssemos encontrar uma imagem plástica que pudesse representar esta ideia, diríamos que a alegria é como um *radar* que se põe em movimento quando percebemos — por uma íntima convicção — que nos estamos dirigindo para o centro gravitacional da nossa existência, que é a felicidade. Não é necessário que estejamos na posse real dessa felicidade. Basta que tenhamos a expectativa real de estar no caminho que a ela nos conduz, como belamente o expressa o Salmo: *Alegrei-me quando me disseram: Vamos à casa do Senhor* (Sl 122, 1)... Basta ter consciência de estarmos enveredando pelo roteiro que nos leva à felicidade.

É por isso que ter ou não ter alegria representa como que um diagnóstico definitivo da personalidade humana. É como um «teste de qualidade» que mede o valor da nossa vida.

A estrela do nosso destino

Ainda poderíamos encontrar uma outra imagem mais expressiva: *a estrela*. Dizem que são homens felizes aqueles que *nascem com uma boa estrela*. Nós diríamos que são homens felizes aqueles que *são fiéis à sua estrela*. Porque todos nós nascemos com uma boa estrela: a estrela do nosso destino, da nossa vocação de cristãos. E essa vocação dada por Deus, não o duvidemos, é uma vocação para a felicidade. Deus está mais empenhado na nossa felicidade do que nós mesmos.

A palavra vocação vem do latim *vocare*, que significa chamar. Todos nós fomos chamados à vida para cumprir uma determinada missão. Todos nós fomos objeto de uma *convocação*. Por isso, todos nós nascemos *com vocação*: temos uma estrela brilhando em cima das nossas cabeças; ou, como dizia Schiller: no fundo do nosso peito, cada um de nós traz a estrela do seu destino. E a felicidade da vida — a alegria de viver — consiste precisamente em sermos fiéis ao roteiro marcado por essa estrela.

O Evangelho diz-nos que os magos *videntes autem stellam gavisi sunt gaudio magno valde* (Mt 2, 2). Aqueles desconhecidos personagens vindos do Oriente para adorar o Menino-Deus em Belém, ao verem novamente a estrela que guiara os seus passos e que tinham perdido, *alegraram-se muitíssimo, com imensa alegria*. Ao utilizar esta redundância, o Evangelista pretende frisar a intensidade da sua alegria.

Essa estrela-símbolo da nossa vocação de cristãos[2] — está gravada a fogo no fundo do nosso ser. É ela que marca o sentido da nossa vida. E quando o nosso caminhar percorre essa trajectória, a nossa natureza inteira, nas suas mais íntimas raízes, alvoroça-se também com imenso gozo. Por isso dizíamos antes que a alegria é como um dispositivo oculto — um *radar* — que nos vai orientando com os seus avisos: «Sim, é por aqui; a rota é certa, as dificuldades momentâneas; vale a pena superá-las; o nosso destino eterno está lá no fim deste nosso navegar terreno». E parece que até a fibra mais escondida do nosso ser estremece de alegria.

A alegria: um critério para classificar os homens

Compreende-se assim que a alegria seja um dos critérios mais seguros para estabelecer uma divisão fundamental no gênero humano. *Há mais verdade — um valor mais autêntico — onde há mais alegria*. O valor de uma personalidade mede-se pela altura, profundidade e duração das suas alegrias.

Poderíamos, assim, determinar três grandes grupos: os homens que têm uma estrela definida: são os homens que vivem uma alegria permanente; os homens que perderam a sua estrela: são os homens tristes, negativos, pessimistas; e, por último, os homens que seguem estrelas cadentes, meteoros: homens flutuantes, de alegrias passageiras e intermitentes.

Os *homens com estrela* são aqueles que enxergam no firmamento da sua alma a estrela da vocação, que representa sempre um sentido definitivo para a sua vida e, portanto, um norte, um ideal, uma esperança. Essa esperança no futuro é a grande consoladora do presente porque, como escreve São Tomás, a autêntica alegria é como um antecipado sabor da felicidade eterna, limiar de um júbilo que não há de terminar nunca, penhor e garantia que confirma o coração na sua esperança de terminar um dia mergulhado na própria fonte inesgotável da alegria[3].

Estes são os homens a quem dedicaremos mais adiante a nossa maior atenção.

Os *homens sem estrela* são os sem-destino. A alegria da existência perde-se quando o seu rumo se desvanece. Porque, como escreve Dostoievski, «o segredo da existência humana consiste não apenas em viver, mas também em encontrar um motivo para viver»[4]. E que motivo há para viver quando se pensa que tudo vai acabar entre as escuras paredes de um mísero túmulo? É por isso que Albert Camus — paradoxalmente considerado o grande cantor da alegria mundana — nos diz que «a existência humana é um perfeito absurdo para quem não tem fé na imortalidade»[5].

Os homens sem estrela são sempre homens com uma forte predisposição para a depressão ou melhor, na expressão característica de Sartre, são homens «nauseados» da existência[6], criaturas fadadas impreterivelmente à tristeza.

E há por fim *os homens que seguem estrelas cadentes*. A grande maioria das pessoas guia-se por cometas de consistência gasosa, transeunte... Muitos já tiveram em determinados momentos da sua vida algumas dessas experiências: a festa que tanto os atraiu e terminou melancolicamente; essa passagem do amor romântico para as responsabilidades rotineiras do lar; um êxito longamente esperado que termina no esquecimento de todos; o tédio depois da explosão sexual; a saída de um cinema ou de uma reunião alegre num domingo à noite, quando uma lufada de ar fresco lhes diz: amanhã, segunda-feira, a monotonia de sempre...

Alegrias que animam e decepcionam. Pobres alegrias humanas que são como um passarinho..., um frágil passarinho que aninhamos na concha das mãos, zelosamente protegido contra tudo o que possa perturbá-lo, e que, de repente, por qualquer motivo banal — um movimento precipitado, um pequeno ruído, um vento leve —, alça voo, deixando na concha vazia das nossas mãos a tristeza da sua ausência irreparável. Como é frágil a nossa vida quando a alegria pode desaparecer a qualquer momento — com um piscar de olhos da nossa saúde ou do nosso sucesso —, como um passarinho assustado.

Sem dúvida, uma parte substancial do gênero humano vive dessas alegrias passageiras como cometas, atrativas e, nessa mesma medida, decepcionantes.

AS FALSAS ALEGRIAS

A sede de felicidade

Se repararmos bem, tudo o que fazemos tem em vista satisfazer a sede de felicidade que se aninha em todo o ser humano. E a tragédia do homem consiste precisamente em procurar satisfazê-la em fontes falsas ou insuficientes.

Recordo agora uma longa e quente noite de verão, num velho trem europeu. Uma criança começou a chorar no compartimento. Choro interminável e irritante... A mãe tentava acalmá-la de diversas maneiras, sem consegui-lo; até que, de repente, se lembrou de abrir uma garrafa e dar de beber à criança. Esta ia bebendo, bebendo ansiosamente, até que a água acabou.

Pouco depois, dormia placidamente. Estava com sede e não o sabia.

Quando se veem tantas pessoas tristes ou angustiadas, suspirando por uma saúde melhor, decepcionadas com a sua situação profissional ou econômica, inconformadas com a vida, choramingando as suas mágoas..., lembro-me daquela criança chorando no meio da noite: estão com sede, mas não sabem como satisfazê-la. Não sabem que, como *o cervo que deseja as fontes das águas, a nossa alma tem sede do Deus vivo* (Sl 41, 3).

Desejamos a felicidade e vamos à sua procura; mas depois, quando observamos que as alegrias humanas se vão embora, despedindo-se com um gesto nostálgico, deixando-nos a saudade do tempo que passa e não volta; quando vemos o sinal dos anos marcando o rosto dos nossos pais; quando um ente querido se separa de nós nessa imensa despedida que é a morte..., verificamos que os pequenos regatos das alegrias terrenas, sempre eventuais e evasivas, não bastam. Suspiramos pelas águas da fonte cristalina.

Quando a beleza humana nos deslumbra com os seus encantos e, com a passagem do tempo, murcha e se dilui como as prometedoras bolas de algodão-doce na boca das crianças, sentimos sede. Levantamos a cabeça, como o cervo, para encontrar sentido e norte: sonhamos com a fonte de águas abundantes.

Quando o amor passa ao nosso lado e depois se embaça por ridículas desavenças, por pequenas infidelidades e ciúmes, por essas inesperadas decepções e especialmente por esse temor, sempre presente, de poder perdê-lo..., sentimos uma sede ardente como aquela que experimentava Goethe quando escrevia: «No meio de todos os prazeres, eu me sentia como uma ratazana envenenada que corre para todos os buracos, e saboreia tudo o que é úmido, e devora tudo o que lhe parece comestível, e sente as entranhas queimadas por um fogo inextinguível e abrasador»[7]. Palavras que evocam aquelas outras comovedoras de Santo Agostinho: «Privado desse alimento interior que eras Tu, meu Deus, sentia-me vazio, cheio de tédio, e a alma chagada lançava-se fora de si, ávida de acalmar miseravelmente, em contato com as criaturas, a sede que a devorava»[8].

Quando uma nobre ambição nos leva a lançar-nos num empreendimento que constitui um forte desafio para a nossa capacidade criadora e a ele nos lançamos com todo o empenho e energia, e com o decorrer do tempo verificamos que os resultados mesquinhos são desproporcionados para esforços tão crescidos, sentimos lá no fundo — a par da tentação do desânimo — um grito penetrante como o clamor do organismo quando a falta de água afeta já as suas funções vitais: é uma sede que compromete toda a vida, que polariza todas as paixões; é a *sede de Deus*. Mas o homem não o sabe. E chora desconsolado como uma criança no silêncio da noite.

Esse pranto tem muitos nomes: prostrações dissimuladas, conflitos latentes, frustrações não confessadas, esse querer e não saber, esse sair e viajar sem chegar a porto algum, esse imaginar e procurar sem encontrar, essa melancolia, essas saudades, essas tristezas diluídas no próprio sangue...

O homem tem necessidade de Deus e ignora-o. Busca a imagem perdida da fonte original.

A fonte cria a sede. E a sede leva-nos à fonte. Deus criou-nos com essa sede de felicidade, e é ela que nos empurra para Ele. Por isso as decepções e até as próprias frustrações podem ser extraordinariamente úteis: ajudam-nos, como ao animal sequioso, a apurar o nosso *instinto religioso*, que parece dizer-nos: Não!; não é o charco da satisfação dos sentidos, da vaidade e da glória vã que há de satisfazer-me! Não; elas não conseguem preencher esse desejo imenso de felicidade que sinto! Corre! A fonte não está tão longe!

Esse *instinto* é o que nos salva. Porque nos remove do lugar em que vegetamos como burocratas da rotina, na qual estamos incrustados como moluscos, achatados, sem verticalidade. Esse instinto grita-nos: Tu estás feito para outras alegrias mais altas! Mereces mais! Tens a dignidade de um filho de Deus! Vamos, levanta-te!

Oxalá as nossas tristezas e angústias — essas alegrias insuficientes — nos façam exclamar como ao filho pródigo: Sim, *levantar-me-ei e irei a casa de meu Pai* (Lc 15, 18). Sinto-me órfão, tenho nostalgia do meu lar.

Pobres daqueles que não sabem auscultar e decifrar a entranha essencial da sua tristeza, a sua imensa saudade de amor, o significado mais profundo da sua sede. Pobres daqueles que se contentam com a sua precária alegria fisiológica e vegetativa: *Ai de vós*, adverte-nos Cristo, *que agora estais fartos, porque havereis de ter fome* (Lc 6, 25).

Jesus e a samaritana

Mas o Senhor sai ao nosso encontro como saiu ao encontro da samaritana.

É uma tarde qualquer na vida daquela mulher. Aproxima-se do poço de Sicar. Vai buscar água para matar a sede.

E encontra-se com Jesus, que está sentado à beira do poço.

Começa o diálogo. Jesus pede-lhe: *Dá--me de beber.* Diz-lhe a mulher samaritana: *Como é que tu, sendo judeu, pedes de beber a mim, que sou uma samaritana? Porque não se comunicam judeus e samaritanos. Jesus respondeu e disse-lhe: Se conhecesses o dom de Deus e quem é que te diz: Dá-me de beber, tu lhe pedirias a ele e ele te daria água viva. Disse-lhe a mulher: Senhor, não tens com que tirar a água, e o poço é fundo; de onde, pois, tens essa água viva? Respondeu--lhe Jesus e disse-lhe: Quem beber desta água tornará a ter sede, mas quem beber da água que eu lhe der jamais terá sede, pois a água que eu lhe der tornar-se-á nele uma fonte que jorra para a vida eterna. Disse--lhe a mulher: Senhor, dá-me dessa água...* (Jo 4, 7-15).

Jesus serve-se da imagem da sede fisiológica, que se satisfaz com a água comum — com a felicidade puramente humana —, para depois desdobrá-la em dimensões mais elevadas e despertar aquela outra sede mais profunda de felicidade eterna, sede de amor de Deus, que só o próprio Deus pode satisfazer.

A humanidade já tentou tudo: desde os maiores requintes do conforto e do prazer até as satisfações do prestígio, do êxito, do poder e da glória humana, passando pelas mais obcecantes experiências sexuais, para acabar reconhecendo a verdade — tão triste como anticristã — formulada por Voltaire: «Todos tentamos tornar a nossa vida feliz, mas terminamos simplesmente resignando-nos a suportá-la».

A tragédia humana, já o víamos, consiste precisamente em procurar a alegria onde ela não se encontra. Tudo nos atrai e tudo nos decepciona. Como as *miragens* no deserto. O caminhante do deserto, cansado, faminto e sequioso, vê lá na sua frente um lago de águas cristalinas onde se refletem prometedoras palmeiras. Pensa que os maus momentos já passaram... Anima-se. As forças parecem reativar-se. Aviva o passo. Mas, à medida que avança, vai compreendendo que tudo era um simples artifício de ótica. A depressão domina-o, e cai desfalecido. Agora já não tem nenhuma motivação para continuar lutando. É um homem entregue ao desânimo.

Assim o homem, caminhante no deserto da vida, é em muitas ocasiões enganado por falsos oásis. Na sua existência, às vezes, há como que um vaivém de euforias e depressões, com um eterno retorno ao negativo ponto de partida. Valerá a pena tanto esforço, se tudo depois termina, frustrando-nos?

A nossa experiência pessoal diz-nos que existem duas espécies de frustrações. A primeira, sentimo-la quando não conseguimos o que desejamos; a segunda — muito mais profunda e dolorosa —, experimentamo-la quando conseguimos o que desejamos e reparamos, no fim, que não era o que esperávamos.

As piores frustrações são *as miragens*, as falsas alegrias. Elas dão razão às palavras do Senhor que acabamos de recordar: *Quem bebe desta água* (dos valores puramente humanos) *voltará a ter sede*.

Se conhecesses o dom de Deus

Mas quem beber da água que eu lhe der jamais terá sede, pois a água que eu lhe der tornar-se-á nele uma fonte que jorra para a vida eterna.

Cristo é a fonte da verdadeira alegria. Os anjos assim o proclamam aos pastores de Belém: *Anuncio-vos uma grande alegria: nasceu-vos o Salvador* (Lc 2, 10-11).

Talvez não se acredite nestas palavras; talvez possam parecer um reclame barato de propaganda religiosa: «Siga Jesus e será feliz»... Mas nós responderemos como Jesus à samaritana: Ah, *se conhecesses o dom de Deus*!... Ah, se você pudesse experimentar o que eu experimento..., então saberia que não se trata de um chamariz propagandístico, mas de uma jubilosa realidade.

Quando algumas pessoas se compadeciam de São Bento José Labre, ao vê-lo tão desgastado pelos trabalhos e sacrifícios, ele exclamava: «Ah! Se conhecêsseis a minha felicidade íntima!» Por contraste, quando louvavam Anatole France, o escritor francês tão bem-sucedido, mas muito afastado de Deus, murmurava: «Ah! Se soubésseis ler na minha alma, ficaríeis espantados, porque não há no universo criatura alguma tão infeliz como eu. E pensais que sou feliz, quando não o tenho sido um só dia ou uma hora sequer»[9].

Ah! Se conhecesses o dom de Deus!...

Estas reticências convidam-nos a meditar mais nas palavras do Senhor: *Quem beber da água que eu lhe der jamais terá sede*. Quem se tenha aprofundado na essência do cristianismo, e não apenas ficado na sua periferia, sabe que essa afirmação do Senhor não é para o cristão um mero princípio especulativo, mas uma verdade experimental, uma vivência íntima.

Representa *algo* que fazia Pascal exclamar no seu célebre *Memorial*: «Jesus Cristo... certeza, sentimento de certeza..., alegria, paz, grandeza da alma humana..., alegria, alegria, alegria, lágrimas de alegria»; e São João da Cruz: «Ó ditosa ventura! Ó mão branda! Ó toque delicado que a vida eterna sabe e toda a pena paga!»[10]; e Santa Teresa de Ávila: «Ó celestial loucura! Ó suave desatino! Se uma gota dessa água dá tanta felicidade, que será ver-se afundada no oceano inteiro?»[11] É esse *algo* «que não podem compreender os que não o experimentaram e pelo qual dão tudo aqueles que o conhecem»[12].

No entanto, muitos não procuram a Deus como fonte de alegria. Nunca poderiam imaginar que isso que os homens seduzidos pelas *miragens* perseguem, sem jamais encontrar, é precisamente esse *tesouro escondido num campo; aquele que o encontra, fora de si de alegria, vai e vende tudo o que tem e compra aquele campo* (Mt 13, 44). Não chegam a entender que Cristo é um grande tesouro. Se o soubessem, correriam em seu seguimento como correm atrás da riqueza, da glória e do amor. E o fariam diligentemente, *fora de si de alegria*.

Pensam alguns — diz São Josemaria Escrivá — que «a alegria de viver é coisa pagã, porque o que procuram é a alegria de morrer, de suicidar-se nesciamente, suicidar-se com esterco acima dos olhos. Seguir Cristo, procurar a santidade é ter a alegria de viver. Os santos não são tristes nem melancólicos; têm bom humor»[13].

Com efeito, para milhões de pessoas, a verdadeira alegria é um valor subterrâneo, *um tesouro escondido* que jamais descobrem. Só lhes aparece à superfície da terra o que se pode ver e tocar. Não têm olhar de «garimpeiro»; não sabem descobrir entre os grandes blocos de minério, entre a maranha dos atrativos sensíveis, o diamante puro que brilha oculto no seio opressivo das montanhas. Identificam o invisível — o sobrenatural — com o inexistente ou pelo menos com o indiferente. Consideram o religioso como um «sucedâneo», um «derivativo» das alegrias humanas que não podem obter ou como refúgio das tristezas que não conseguem afugentar.

O Senhor não oferece bugigangas. Cristo não nos deslumbra com o seu brilho; não usa as técnicas do *marketing*. É bem certo que uma carícia sua seria suficiente para derreter a nossa incredulidade, e um toque do seu amor o bastante para nos magnetizar. Mas Ele não quer diminuir a nossa liberdade. Por isso, no começo, apenas se insinua suavemente — *Se conhecesses o dom de Deus...* —, e só no fim ao ritmo da nossa correspondência, é que nos entrega a plenitude do seu Amor em forma de alegria transbordante.

Se conhecêssemos as alegrias de Deus... Há um mundo maravilhoso por detrás dessas reticências. Se experimentássemos no nosso íntimo o que experimentam os *homens de Deus*, esses rios mansos, largos e profundos de água viva que, brotando do fundo do ser, têm capacidade suficiente para carregar-nos por cima de todas as penas até as alegrias eternas, não andaríamos como animais sequiosos mordendo a carne, abraçando o dinheiro, namorando a glória, condenados a esse desanimador vaivém de entusiasmos e depressões...

Se conhecesses o dom de Deus... Quantas promessas escondidas por trás dessa insinuação, quantas experiências pessoais que parecem impossíveis de comunicar!

Como explicar a um cego o que é a luz? Como convencer quem está longe de Deus de que a sua tragédia consiste em estar galopando precisamente na direção contrária do lugar onde se encontra a plenitude da paz e da alegria? Em estar fugindo daquilo que, no fundo, mais deseja?

A ALEGRIA DE VIVER O CRISTIANISMO

A arte de viver e de morrer alegremente

A contraposição entre as verdadeiras e as falsas alegrias, vemo-la desenhada de alguma forma no violento contraste que encontramos entre a depressão que domina os discípulos depois da morte de Jesus e a sua alegria no momento da Ressurreição.

Os discípulos de Emaús voltavam à sua terra melancólicos e deprimidos. O Senhor encontra-se com eles e pergunta-lhes: *Por que estais tristes?* (Lc 24, 17). E depois de eles reconhecerem que estavam tristes pela morte daquele que os fizera pensar que refaria o reino de Israel, o Senhor indica-lhes claramente qual a causa dessa desesperança:

Homens de pouca fé, duros e tardos de coração (Lc 24, 24).

Quando se perde a fé, perde-se a alegria. E o que Jesus faz, à medida que vai falando aos dois discípulos, é precisamente reavivá-la neles, restituir-lhes o ânimo e a esperança, e eles vão recuperando pouco a pouco a alegria... O coração — como diz o texto evangélico — começa a arder-lhes no peito, de esperança, de amor e de entusiasmo. E não querendo perder essa alegria, suplicam instantemente: *Fica conosco, Senhor, porque o dia vai declinando* (Lc 24, 29). E de repente o Senhor se lhes dá a conhecer ressuscitado, e é tal o júbilo que se apossa deles que retornam correndo a Jerusalém para se comunicarem com os Apóstolos. E lá acontecera algo de parecido. É uma explosão de alegria: *Ressurrexit sicut dixit, aleluia* — canta a Igreja —; «Ressuscitou verdadeiramente como tinha predito, aleluia!»

É um grito que sai de dentro da humanidade inteira: se Cristo venceu a morte, nós também a venceremos! A nossa vida, a despeito da sua precariedade, é uma caminhada para a felicidade eterna! Esta convicção fazia São Paulo lançar um desafio: *Onde está, ó morte, a tua vitória?; onde está, ó morte, o teu aguilhão?* (1 Cor 15, 55). É como se dissesse: «Ó morte, não te tenho medo; eu te matei».

Este é o grito de vitória do cristão.

Um homem só pode viver feliz quando não tem medo da morte. E o medo da morte se supera quando se vive profundamente da fé. É ela que nos diz que a morte é a chave de ouro que nos abre as portas da casa do Pai e isso, para um filho de Deus, é fonte de uma imensa alegria.

Wasserman dizia: «O terrível não é morrer; o terrível é caminhar para a morte»[14]. Como se pode viver alegre se se sabe que cada dia que passa é um passo mais para a morte? Há uma correspondência precisa — adequada e proporcional — entre vida e alegria, entre tristeza e morte, como o dizia belamente Ramon Gómez de la Serna: «Entediar-se, perder a alegria é beijar a morte»[15].

Pois bem, a fé muda a perspectiva sombria desse existencialismo que sente a tristeza da morte nas próprias vísceras. Ela nos faz dizer: o maravilhoso não é somente viver, mas caminhar para a Vida com maiúscula. É esta a grande verdade que nos traz: *Quem vive e crê em mim não morrerá eternamente* (Jo 11, 26). É o clamor de júbilo da Páscoa: *Alegrai-vos: Cristo ressuscitou e nós ressuscitaremos com Ele!*

Alguns homens de Deus, como São Francisco, trouxeram no seu corpo as chagas do Senhor, os sinais visíveis da Paixão e Morte de Cristo. Era um fenômeno extraordinário. Mas todo o cristão que vive verdadeiramente a fé deveria trazer estampado no seu rosto, no seu olhar, como algo normal, o sinal da Ressurreição de Cristo. E este sinal é a *alegria*.

Seria difícil contar quantas vezes essa palavra se encontra nas Sagradas Escrituras. Só sei que não há nenhuma virtude evangélica que não a compreenda. Até em plena Quaresma, tempo de penitência, com a austeridade das suas cores roxas, há um domingo denominado *Laetare* («Alegra-te!»): Alegra-te porque a morte do Senhor é pressuposto da ressurreição: a vitória sobre a morte e sobre toda a tristeza. O dia da morte dos santos — *dies natalis* — é o dia da sua grande festa, porque é o dia do seu nascimento no Céu.

Nos ambientes verdadeiramente cristãos — benditos lares de Nazaré estendidos pelo mundo inteiro! —, há paz e serena alegria tanto no nascimento como na morte, ainda que esta despedace o coração de dor. Porque a firme esperança do Céu representa um bálsamo para a alma.

Tristão de Athayde escrevia: «A exaltação cristã da alegria como uma das supremas virtudes da vida é justamente testada pela nossa atitude diante da morte [...]. Daí o valor essencial dessa virtude global, que deve envolver todas as outras e fazer da *tristeza* como que um estado global de pecado, unido a todos os demais vícios e erros da nossa vida. A alegria, portanto, como a liberdade, não é apenas um direito congênito de cada ser humano, mas um dever [...]. E a tristeza é a omissão desse dever da alegria.

«Cristo chorou a morte de seu amigo Lázaro, como chorou sobre a cidade de Jerusalém. As lágrimas, aliás, fazem boa companhia ao riso. Um excesso de alegria leva facilmente ao pranto. Mas a hipocondria só é congênita aos fanáticos e fariseus. Dou um doce a quem me mostrar uma foto do Aiatolá Komeyni sorrindo. Ao passo que a verdadeira fé é como um complemento natural da alegria de viver.

«Você, meu leitor, já viu alguma pessoa realmente boa, que viva a sua fé cristã, que não seja alegre? Eu nunca vi. A bondade, essa companheira da humildade e da vida bem vivida na simplicidade do amor, é naturalmente alegre. Alegre até à sublimidade de ser a única vitória possível sobre a morte, na alegria suprema de considerar a morte como um princípio da vida e não como o seu encerramento. Esse é o sentido cristão da alegria como arte de bem viver e sabedoria de saber morrer»[16].

Esta alegria primordial não é algo que pertença apenas a uns homens singulares; deve ser também patrimônio nosso, dos cristãos comuns que no âmago do mundo caminhamos — no meio dos trabalhos prosaicos e dos cansaços diários — à procura da felicidade eterna. Não nos esqueçamos daquelas palavras de Kierkegaard: «Caminhamos nesta vida suspirando pela felicidade, e não reparamos que ela anda ao nosso lado como Cristo na estrada de Emaús. Talvez só no fim da vida, no fim do caminho, como os discípulos de Emaús, venhamos a perceber que poderíamos ter encontrado a felicidade de Deus ao longo dos nossos passos»[17].

Não esperemos até o fim. Procuremos essa alegria agora. Jesus, que, como já dizíamos, está mais interessado na nossa felicidade do que nós mesmos, acompanha-nos na caminhada. Animando a nossa marcha, repete-nos com palavras que inspirou ao Apóstolo: *Alegrai-vos sempre no Senhor; mais uma vez vos digo, alegrai-vos!* (Fl 4, 4).

O fundamento da nossa alegria

Qual é o fundamento dessa alegria?

A nossa filiação divina.

Quando a nossa fé é profunda e ocupa todos os espaços da nossa vida, então sabemos que somos verdadeiramente filhos de um Pai que nos ama mais do que todos os pais e mães do mundo juntos podem amar um filho único. Como podemos perder o *gaudium cum pace*[18], a alegria e a paz, sabendo que somos realmente filhos de um Pai infinitamente bom, infinitamente feliz e infinitamente poderoso, e que, além disso, deseja mais do que nós mesmos a nossa felicidade?

Recordo um pequeno acontecimento, trivial e sem importância, mas do qual conservo uma lembrança entranhável. Estava pregando um retiro numa casa de campo. Era tarde. Já me tinha deitado quando, no meio do silêncio da noite, escutei de repente um gemido prolongado e triste, como o choro de uma criança. Os gemidos iam crescendo. Levantei-me, saí ao jardim e, deixando-me guiar pelo som, fui encontrar no meio do gramado um cachorrinho perdido. Era um dos filhotes da cadela da chácara. Peguei-o nos braços e comecei a acariciá-lo. Os gemidos diminuíram e o animalzinho começou a olhar-me com perplexidade. Parecia perguntar-me: quem é você? Mas pouco a pouco tranquilizou-se e começou a lamber-me o rosto. Confesso que me comovi. Brotou em mim como que um movimento afetivo de proteção paterna para com o animalzinho. Afaguei-o e fui deixá-lo junto da mãe. Pouco depois, dormia placidamente. Voltei a deitar-me, dominado por um forte sentimento.

Se eu — pensei —, que nada tenho que ver com essa pobre criatura abandonada, experimentei um sentimento de ternura tão intenso, quanto mais não sentirá o meu Pai-Deus a meu respeito, Ele que é infinitamente bom e ao mesmo tempo o causador da minha existência! E, como que flutuando de alegria, adormeci pacificamente: o meu Pai está cuidando de mim; Ele não me abandona nunca; Ele ouve os meus gemidos como eu ouvi os do cachorrinho; Ele é o meu Pastor, nada me pode faltar...

No dia seguinte — lembro-me bem —, levantei-me contente e pensei: não precisamos de que nos aconteçam estranhos encontros noturnos para experimentarmos continuamente essa paz e essa alegria; basta estarmos um pouco atentos aos cuidados que tem qualquer mãe com o seu filho, qualquer pássaro com as suas crias, a Providência divina com a mais insignificante florzinha...

Dessa confiança filial, dessa serena paz brota sempre uma alegria esperançosa que nos faz ver por detrás de cada acontecimento um desígnio oculto de Deus, uma graça, e é isso que enche de contentamento a alma.

Partindo da fé na Providência divina, entendemos muito bem aquelas palavras de São Paulo aos romanos: *Para os que amam a Deus, todas as coisas contribuem para o bem* (Rm 8, 28). Se é assim, se Ele está ao nosso lado como um Pai amoroso, por que inquietar-nos e entristecer-nos?, por que perder a paz e a alegria? Por que não nos deixarmos penetrar por esse equilíbrio íntimo, por essa serenidade harmoniosa que se desprende daquelas palavras simples e profundas do Senhor que são *como um rio de paz* (Is 66, 12) no mar agitado das nossas ansiedades e melancolias? *Não vos preocupeis com a vossa vida [...]. Olhai as aves do céu, que não semeiam nem colhem [...], e Deus as alimenta; quanto mais valeis vós do que as aves! Quem de vós, à força dos seus cuidados, pode acrescentar um côvado à sua estatura? Olhai os lírios, como crescem [...]. Se Deus veste assim a erva, que hoje está no campo e amanhã é lançada ao fogo, quanto mais a vós, homens de tão fraca fé?* (Lc 12, 22-31).

Quando a fé chega assim até a fibra mais íntima do nosso ser, quando representa um verdadeiro abandono nas mãos do nosso Pai celeste, não é difícil sermos otimistas e alegres. Como dizia São Josemaria Escrivá: «Que confiança, que descanso e que otimismo vos dará, no meio das dificuldades, sentir-vos filhos de um Pai que tudo sabe e que tudo pode!»[19]

O amor, fonte de alegria

Se o fundamento da alegria é a filiação divina, a sua origem é o Amor.

Deus é amor (1 Jo 4, 16). Deus é a fonte de todos os amores. Deus criou-nos por amor e criou-nos para amar. O *radar* da alegria começa a vibrar jubilosamente quando descobre a pista que o leva ao grande tesouro do Amor.

O rigor científico de um físico e matemático como Leibniz não o impediu de dizer que «a felicidade representa para as pessoas o que a perfeição para os seres. Deus quer fazer os homens perfeitamente felizes e para isso só quer que o amem... Porque só Deus pode fazer felizes as almas; a nossa sensibilidade ou o nosso espírito puramente humano nunca saborearam nada que se aproxime da felicidade que Deus preparou para aqueles que o amam»[20].

E no seu grande tratado filosófico, acrescenta: «Jesus Cristo quis que a Divindade fosse não apenas o objeto do nosso temor e da nossa veneração, mas também do nosso amor e da nossa *ternura* [...]. O seu desejo era fazer os homens felizes de antemão, dar-lhes já aqui em baixo um antecipado sabor da felicidade futura. Pois não há nada tão agradável como amar o que é digno de amor [...]. E não há nada mais perfeito do que Deus e nada mais *encantador* do que Deus»[21].

Não é surpreendente que um homem de pensamento grave, austero, rigorosamente científico, como foi Leibniz, inventor do moderno cálculo infinitesimal, aplique a Deus estas duas palavras: *ternura* e *encantador*? Não nos faz pensar que o Deus das forças cósmicas seja — também para um cientista — um Deus de quem brotaram o *encanto* e a *ternura* amorosa que pode ter a criatura mais bela e sensível? Não nos comove pensar que a felicidade consiste em amar com *ternura* Aquele que é infinitamente *encantador*?

É também surpreendente que um filósofo como Fichte nos diga que «a vida é necessariamente feliz — infeliz é só a morte —; e o centro da vida é o amor. E o amor da vida verdadeira é Deus. [...] *A vida verdadeira* vive assim em Deus e ama a Deus; já *a vida aparente* vive do mundano e tenta amar o mundano»[22].

Se estes pensadores identificam vida e felicidade, felicidade e amor, amor e Deus, nós podemos, com mais precisão, identificar felicidade e santidade, já que a santidade não é senão o amor vivido na sua mais absoluta plenitude.

A santidade e a alegria são diretamente proporcionais: mais santidade, mais alegria; os muito santos são sempre muito felizes. Como o ferro, quanto mais perto do fogo, mais quente é o amor. E quando está dentro dele, torna-se rubro: vermelho vivo e ardente como o fogo.

A exultação do coração humano no fogo do amor de Deus chama-se entusiasmo. É belo compreender que a chamada universal à santidade — ao amor — é a chamada universal à alegria: Deus quer que todos sejam felizes quando diz: *Sede perfeitos como meu Pai celestial é perfeito* (Mt 5, 48).

Em contrapartida, «só há uma tristeza: a de não sermos santos», dizia Léon Bloy[23].

Conseguir a santidade é amar a Deus com todo o coração, com toda a alma e com todas as forças, e ao próximo como a nós mesmos (cf. Lc 22, 37). E é isso o que nos torna felizes... Que coisa mais entusiasmante poderíamos dizer ao nosso coração — sedento de amor — senão que a felicidade que o espera reside num amor largo e profundo, extenso e dilatado como o mar infinito de Deus? Não são esses, por acaso, os sentimentos que experimentaram os enamorados de Deus, como por exemplo um São João da Cruz?

Ó chama de amor viva
que ternamente feres
da minha alma o mais profundo centro!

Ó ditosa ventura!

Ó cautério suave,
Ó regalada chaga,
Ó mão branda! Ó toque delicado

que a vida eterna sabe
e toda a pena paga!

Ó ditosa ventura!

Ó noite que guiaste!
Ó noite amável mais do que a alvorada!
Ó noite que juntaste
Amado com amada,
amada já no Amado transformada![24]

A vida humana há de ser a consumação deste poema. E então... *que ditosa ventura!* Que alegria transbordante!

Reparemos que todos os amores nos estão chamando para esse outro grande Amor... Assim é, quer se trate do amor que se expande em forma de exaltação poética — a brisa do mar que bate no nosso peito, o horizonte aberto nas cumeeiras das montanhas —; ou daquele que nos eleva em forma de doação — o desviver-se sacrificado de uma mãe, a dedicação aos mais pequeninos e desafortunados, aos doentes e sofredores —; ou do amor suscitado pelo encanto de uma criança, ou pela formosura de uma criatura humana, ou pela paixão de um coração ardente... Todos estes amores trazem-nos a felicidade na medida em que nos conduzem a esse outro grande Amor com maiúscula. Quando não é assim, estagnam-se e apodrecem, como o amor sensual que não se eleva até a altura do amor oblativo da entrega e que deixa essa sensação de tédio e frustração; como o amor transitório que não se eleva até o nível do eterno e que deixa no paladar da alma esse sabor de tristeza e nostalgia...

O amor é como o fogo. Se não aumenta, apaga-se: se não se eleva, avilta-se; se não se dilata, autodegrada-se e autodevora-se. O amor sensual de *apetência* tem de subir até o amor afetivo de *complacência*, e este elevar-se até o amor oblativo e sacrificado de *benevolência*, para ainda galgar o último escalão do amor de *transcendência* — o amor de Deus —, que engloba de forma eminente todos os outros e os supera.

O amor, em cada um destes estágios, quando é autêntico, quando está aberto aos planos mais elevados, à própria transcendência de Deus, é sempre veículo de felicidade, de força e de alegria.

Descendo ao nível dos pequenos acontecimentos da vida quotidiana, não é verdade que cada um de nós já viveu uma experiência semelhante a esta? Estávamos realizando um trabalho monótono, cansativo, desejando que terminasse quanto antes, e, sem o esperarmos, alguém a quem amamos colocou-se ao nosso lado para nos dizer: «Gostaria de ajudá-lo até você concluir esse trabalho...» Sentimos subitamente uma mudança completa: do tédio passamos à euforia, do desestímulo à vibração! Desejaríamos agora que esse trabalho não terminasse nunca.

A presença amorosa muda a vida, e o segredo da existência é ter sempre essa presença, é não perdê-la nunca. Porque «quando o amor nos invade, diz Goethe, tudo parece mais novo, mais alegre, os deveres mais sagrados [...], os conhecimentos mais claros, os talentos mais patentes e os propósitos mais decididos»[25].

Se queremos ter uma profunda alegria de viver, temos ao mesmo tempo de procurar uma profunda vivência do amor. Se alguém me pedisse uma fórmula breve para superar todos os desgastes e tristezas da vida, dar-lhe-ia simplesmente esta: *Apaixone-se e reencontrará a alegria de viver*. Todos os amores limpos da terra — potentes geradores da única alegria — são como centelhas dessa infinita fogueira de amor que é Deus. Os santos são felizes porque «trazem Deus em si; a sua alma é um Céu de alegria porque Deus habita nela»[26].

No rosto de um homem apaixonado, os olhos brilham de alegria[27]. Foi esse brilho que Josef, um aidético, viu nos olhos da Irmã Ananda, humilde indiana, filha espiritual da Madre Teresa de Calcutá, que se desvivia cuidando dele; a sua abnegação não tinha limites e nos seus olhos Josef via sempre o brilho de uma alegria constante: estava apaixonada por Deus e pelos seus irmãos os homens. E, um dia, já agonizante, esse enfermo disse à irmã a frase que depois daria o título a um livro famoso: «Vocês estão *muito além do amor*»[28].

A vibração cristã, que parte do Amor de Deus, está *muito além* do simples amor humano: ultrapassa-o e supera-o. É isto o que nos comunica a força para lutar e a alegria de viver, e o que dá sentido e estabilidade aos amores nobres da terra.

OS DIFERENTES ROSTOS
DA ALEGRIA

As verdades que fomos alinhavando não deveriam ser entendidas como algo transcendental, separado do nosso quotidiano, mas como fios que formam o cabo que sustenta a nossa vida de todos os dias: os mil fios das nossas atitudes e comportamento diários, ou melhor, as diversíssimas facetas que integram o perfil da uma personalidade cristã, que deve ser essencialmente alegre; uma personalidade descontraída, transparente e positiva, simples e sorridente, otimista e bem--humorada.

Tentaremos, a seguir, esboçar algumas dessas facetas.

Alegria: uma atitude positiva

A primeira dessas facetas diz respeito ao nosso estilo de vida, às nossas atitudes perante a vida.

Já tivemos ocasião de constatar muitas vezes que as atitudes são mais importantes do que os fatos. Dois fatos idênticos mudam de peso e de valor conforme o prisma através do qual são observados.

Helmut Sopp analisou esse princípio de uma forma científica. Refere, entre outras, uma experiência efetuada pelo professor Cole, diretor do Departamento de Saúde Pública dos Estados Unidos, que se ocupa dos efeitos psíquicos dos produtos farmacêuticos. Cole entregou a 60 estudantes de medicina um estimulante do tipo Pervitin e a outros 60 um sonífero. Todos os do primeiro grupo se manifestaram super-excitados e nervosos, enquanto os do segundo se mostraram sonolentos e preguiçosos, com a capacidade intelectual sensivelmente diminuída. Até aqui, nada de mais. Mas na verdade os fatos tinham sido diferentes, porque o professor tinha dado o excitante Pervitin apenas a alguns estudantes do primeiro grupo, e o resto ingerira um produto inócuo cujo sabor e aspecto eram semelhantes aos do excitante; com os soníferos, fizera a mesma operação. Cole deduziu, em consequência, que a atitude de cada estudante e a sua expectativa perante o remédio tinham alterado os efeitos do medicamento[29].

Assim acontece com os fatos da vida diária: a expectativa do fracasso já cria o fracasso; a expectativa da tristeza já cria a tristeza; a expectativa da alegria já cria a alegria.

Um colega meu de colégio tinha como lema esta frase: «Pense no pior». Partilhávamos a mesma carteira. Um dia, um empregado entrou na sala de aula e falou com o professor que, dirigindo-se a mim muito sério, me disse: — «Estão telefonando da sua casa». — «Que estranho!», comentei com o meu colega, «nunca me telefonaram de casa»... Ele respondeu-me: — «Pense no pior». Fiquei impressionado.

Antes de chegar ao telefone, já tinha «pensado no pior» várias vezes: um acidente, a morte da minha mãe... Peguei no telefone. Era minha mãe. Pelo menos ela não morreu... disse de mim para mim. — «Papai está bem?», perguntei-lhe: — «Sim», respondeu-me. — «E os irmãos estão bem?» — «Sim, estão bem». — «E, de resto, há alguma notícia menos boa?» — «Não, tudo está normal. Por que todas essas perguntas fúnebres?» — «E por que você me telefona para o colégio?», retruquei. — «É que não sabemos onde você deixou as chaves do carro»... Que alívio!

Voltei para a sala de aula. O meu colega olhava para mim com olhos de urubu. — «Que houve?» Naquele momento, dei-lhe uma forte cotovelada nas costas... — «Ai! Ai!... Que houve?» — «Pense no pior; acho que lhe quebrei uma costela»... Desde aquele dia, o meu amigo mudou de «filosofia» de vida.

Há pessoas que entristecem a sua vida porque lançam sobre todos os acontecimentos um olhar «urubulino». A tristeza e a alegria são dois prismas, duas lentes, que dão cor e sentido a toda a nossa vida e de alguma maneira condicionam o nosso futuro. A ótica negativa entristece o presente, torna inseguro o caminhar, diminui as forças, tira o ânimo e prejudica a saúde da alma e do corpo. Mas, além disso — e este é um aspecto relevante —, as apreensões tristes barram a feliz realização do futuro.

«O temor cria aquilo que se teme», diz Wassermann[30] e nós acrescentaríamos: a perspectiva triste do futuro cria um futuro triste, ou, como antes afirmávamos, *a expectativa do fracasso já é um fracasso*. É que a visão triste e pessimista, o temor de sermos mal-sucedidos inibe a nossa capacidade, diminui a nossa coragem, bloqueia as nossas possibilidades de sucesso e embota a nossa visão, impedindo-a de enxergar todos os elementos que nos poderiam levar ao êxito.

Diríamos que o «pé-frio» existe. Ele atrai tristezas e desgraças. As pessoas podem pensar que esta afirmação beira a superstição. Mas não; é assim mesmo.

O «pé-frio» vai cavando o seu próprio malogro sem o perceber; é um polo magnético de insucessos. Se é verdade que, para os que acreditam na Providência de Deus, o «azar» não existe, há os que, por uma visão negativa da vida, se vão introduzindo eles mesmos por vias «azarentas». Sem dúvida, há pessoas que realmente «dão azar»..., por culpa própria. Deus nos livre de sermos uma delas!

Também diríamos que existe o «pé-quente»; é a pessoa que dá sorte: porque uma disposição aberta para a vitória, desanuviada de negruras, alegre e otimista, estimula e descobre novos recursos que propiciam o êxito, incentiva a nossa energia, catalisa a nossa capacidade de empenhar-nos a fundo, imprime resistência e vitalidade ao nosso espírito de luta e termina assim por criar condições favoráveis ao bom resultado de qualquer projeto: *a expectativa da vitória é metade da vitória*[31].

Não embarque em nenhum projeto de vida com uma pessoa triste ou pessimista: nem nos negócios nem — Deus o livre! —

no casamento. Procure, pelo contrário, aproximar-se e conviver com pessoas alegres e otimistas: elas têm a virtude de «atrair» as coisas boas, o sucesso e os acontecimentos agradáveis.

Alegria chama alegria. Tristeza chama tristeza.

Existe realmente uma espécie de *hipnotismo negativo*. Emerson estabelecia uma *lei de atração mental*: «Tome muito cuidado com o objeto das suas apreensões, porque é isso o que acabará acontecendo». Mas existe também a espécie inversa, o *hipnotismo positivo*. Um técnico de futebol bem-sucedido dizia sempre aos seus jogadores: «Ponham o coração na rede e a bola entrará no gol». A confiança na vitória abre os caminhos da vitória.

Muitos vivem esmagados sob o fardo da tristeza e do pessimismo, e tomam atitudes de pobres desgraçados, sofredores de uma sina azarenta e adversa — tudo os angustia, tudo lhes custa —, quando deveriam assumir atitudes de homens confiantes e alegres porque são verdadeiramente filhos de Deus e não filhos de um destino maléfico. Criemos as condições para viver uma vida sadia, jubilosa, e não fomentemos o crescimento desses estados de melancolia e tristeza que acabam por converter-nos em homens negativos e pessimistas.

Se você quer ficar deprimido, ofereço-lhe uma receita infalível, que já mencionei em algum outro escrito. Feche-se no seu quarto. Rumine sem parar os seus cansaços, as injustiças e as mágoas que vem sofrendo; amasse tudo isso no seu coração durante vinte minutos e junte-lhe um pouco desses ingredientes do passado — saudosismos e recalques —; misture duas xícaras de apreensão pessimista sobre o seu futuro, acrescente três pitadinhas daquelas pequenas invejas pegajosas, coloque umas cerejinhas de rancor para servir de enfeite, e leve tudo isso ao forno da autocompaixão durante trinta minutos. No fim, terá um bolo monumental de tristeza, demorará três dias para fazer a digestão e ficará mais deprimido do que uma «tartaruga neurótica».

Está triste? Quer reverter a sua situação mental? Descanse, cante, ouça uma música alegre, leia algum livro estimulante, dê um bom passeio, tome um bom banho, procure divertir-se com as crianças e, depois de um jantar gostoso, deite-se cedo... Ah! E não se esqueça de fazer um pouco de oração..., mas disso falaremos mais adiante.

Exercite-se assim todos os dias, estude o seu temperamento, analise as coisas que o deixam deprimido, examine os motivos das suas alegrias, para ver se são consistentes ou levam depois à frustração. Procure assim, pouco a pouco, ir criando um robusto sistema de comportamento ágil, esportivo, jovial.

Podemos desta forma, e de outras muitas, condicionar de alguma maneira os nossos estados de ânimo, construir o nosso coração, o nosso espírito, sentimento por sentimento, pensamento por pensamento, como podemos entretecer fio a fio um bom tecido, como podemos fazer evoluir, fibra a fibra, o nosso sistema muscular. Por que não experimentar? Comece a exercitar-se.

Faça da sua casa uma «academia» de ginástica do bom humor e monte no seu lugar de trabalho uma verdadeira «oficina de alegria».

Em vez de lamentar-nos, alegando: «Não possuo recursos, não tenho condições para conseguir a vitória», devemos pensar — porque temos fé —: «Com o poder de Deus, vou criar as condições para o bom êxito desta empresa». Digamos, tal como os Apóstolos: *Possumus!* (Mt 20, 22). Com a graça de Deus, *podemos!*

Porque tudo isto que acabamos de ver não é simples psicologismo ou pensamento positivo; é também algo absolutamente válido do ponto de vista da fé. A fé, a consciência profunda da nossa filiação divina, só pode levar-nos a uma confiança esperançosa e alegre, fundamentada na bondade infinita e na sabedoria todo-poderosa do nosso Pai Celeste. E o Senhor toma essa atitude em consideração. Assim, no Evangelho, vemos como condiciona as possibilidades de uma ação curativa às dimensões da fé: *Seja feito de acordo com a tua fé* (Mt 8, 13).

Para um cristão, portanto, o verdadeiro fracasso está unicamente na falta de fé. A fé leva-nos a penetrar todas as circunstâncias com um olhar carregado de amor filial: meu Pai sabe melhor do que eu o que me convém. Isso ajuda-nos a dizer sempre: «Pense no melhor», ao invés de nos aferrarmos a um estéril: «Pense no pior». Vale a pena recordarmos constantemente a nós mesmos: *Para os que amam a Deus, tudo contribui para o bem* (Rm 8, 28).

A tal ponto esta atitude cristã é algo essencial, profundo, que não se encastela dentro do espírito; como tudo o que é autenticamente humano, manifesta-se no exterior, corporaliza-se. Quem poderá esquecer os cantos de alegria, os abraços de uma família cristã num dia de batizado ou Primeira Comunhão, num dia de Natal ou de Páscoa? Quem não se lembra da dança de Francisco de Assis no monte Alverno, de Teresa de Ávila no seu claustro diante da sua comunidade contemplativa?... É o corpo que vibra com o contentamento do espírito. Davi dançava entusiasticamente diante da Arca e os antigos Padres da Igreja, desde Gregório Nazianzeno até Santo Ambrósio e Santo Agostinho, designavam o cristão como «dançarino real»; e faziam-no sem nenhum constrangimento, porque a expressão corporal manifesta a alegria íntima permeada pela presença de Deus[32].

A alegria na dor e nas contrariedades

O que acabamos de ver não se dirige àqueles a quem «tudo na vida sorri», nem pretende criar personalidades ingênuas ou beatas, que pairem alienadas por cima das vicissitudes duras e cortantes da vida humana. Muito pelo contrário, dirige-se ao homem comum, submetido às inexoráveis contrariedades da vida real, sempre imprevisível.

São Josemaria Escrivá costumava escrever na primeira página da sua agenda de cada ano este lema: *In laetitia, nulla dies sine cruce*, «com alegria, nenhum dia sem cruz». Queria com isso ter bem presentes em cada dia do ano aquelas palavras do Senhor:

Quem não carrega a sua cruz cada dia e me segue não é digno de mim (Mt 10, 38).

Cada dia temos as nossas contrariedades e aborrecimentos; cada dia, de uma forma ou de outra, percebemos as limitações da nossa condição humana — as mazelas que castigam a nossa saúde e as humilhações que ferem a nossa autossuficiência —; cada dia nos surpreendem as alfinetadas do trabalho, das ocupações, do «lufa-lufa» quotidiano e inquietante, das apreensões do futuro... E numa jornada qualquer desse «cada dia» chega-nos uma cruz mais pesada, uma doença, um fracasso profissional, a perda de um ser querido...

Pois bem, se não soubermos levar com alegria, *in laetitia*, a cruz de cada dia — e especialmente essa mais pesada —, nunca saberemos ser felizes.

São Josemaria Escrivá também gostava de repetir: «A nossa alegria tem as raízes em forma de cruz».

Por quê?

Porque da Cruz brotou toda a alegria: o júbilo exultante da Ressurreição, a certeza da nossa felicidade eterna; porque *se o grão de trigo não morre, fica infecundo; mas se morre, dá muito fruto* (Jo 12, 24, 25). Quem conseguir tirar da morte, vida, e fazer da dor uma fonte de alegria, é sem dúvida um ser superior. E assim é o verdadeiro cristão: já começou aqui na terra a viver a permanente felicidade do Céu, onde não haverá nem lágrimas nem despedidas.

Podemos entender isto de vários pontos de vista.

Diríamos, em primeiro lugar, que uma criatura que não sabe utilizar a dor como elemento catalizador da sua personalidade acaba por converter-se num ser atrofiado, raquítico. A dor, levada com bom ânimo, engrandece: demarca as nossas limitações; faz-nos compreender os sofrimentos dos outros, abrir-nos aos necessitados e doentes; ajuda-nos a agradecer os benefícios que temos, em face daqueles que nos são tirados; purifica os nossos defeitos e pecados; faz aquele trabalho de «poda» que favorece o crescimento da videira, de acordo com a imagem evangélica: *E o meu Pai é o lavrador que poda a videira para que dê mais fruto* (Jo 15, 12). Numa palavra, dá--nos uma têmpera forte, disposta habitualmente a enfrentar com serenidade o que para outros significaria a consagração permanente de um estado de tristeza.

Isto é uma realidade que se pode comprovar em qualquer camada cultural, em qualquer meridiano geográfico: que precisamente entre os homens bem-sucedidos, entre os que nada sofreram, é que vamos encontrar as pessoas mais superficiais, medíocres, egoístas, autossuficientes e, em consequência, irritadiças e mal-humoradas.

A familiaridade com o êxito, com a vida fácil, com um nível econômico mais que desejado, com a boa saúde, faz com que muitas pessoas vivam superficialmente, resvalem sobre o verniz brilhante das coisas perecíveis como se elas fossem eternas, e não se aprofundem nas camadas mais íntimas da alma, que é onde se encontram os valores mais autênticos: vive-se como alienado na familiaridade epidérmica dos acontecimentos externos.

E de repente rasga-se essa familiaridade superficial. Penetra até o âmago a ponta ardente da dor, o vislumbre doloroso da morte, com os seus lampejos de uma eternidade na qual nunca se quis pensar: e a alegria episódica desaparece como fumaça, e a tristeza inconsolável estende-se como uma sombra. Ora bem, é nesses momentos que se podem descobrir os valores mais profundos.

Assim o escreve o pensador alemão Lerch, ao estudar a estrutura da personalidade humana: «Na vida do indivíduo — de acordo com a imagem evangélica que nos fala de morrer para renascer —, as decepções e os fracassos podem converter-se num purgatório no qual se calcinam, como num alto-forno, os últimos conteúdos do sentido da existência. Não raramente o homem deve atravessar *o ponto zero crítico* da existência, que é a frustração, para encontrar o seu núcleo metafísico»[33]. E esse núcleo metafísico é o seu destino eterno: o destino de um filho de Deus.

Um homem que sabe disso defronta-se com a contrariedade como quem se encontra diante de um mestre a quem pergunta: que me quer ensinar com isto? E esse mestre que sai ao nosso encontro é Aquele que detém toda a Sabedoria Eterna.

Edissere nobis parabolam... (Mt 13, 36): ensina-nos, Senhor, o significado desta parábola, desta dor, deste fracasso, desta frustração... E o Senhor vai-nos ensinando: esta humilhação deve servir-te para «podar» o teu orgulho, que tanto machuca os outros; essa frustração é para que comeces a perceber que a tua autossuficiência é infantil e tola; a perda dessa pessoa querida serve para que penses mais que estamos aqui de passagem; essa dor profunda, para que acabes por compreender que foi precisamente a Cruz o instrumento que Eu escolhi para redimir o mundo...

Contava-me o capelão do Hospital do Câncer de São Paulo, pe. Humberto, uma história comovente. Ficou internado ali um garotinho de uns sete anos, Marcelo, com um câncer incurável e dolorosíssimo. E ele só sabia dizer a todos: — «Por que eu, por que eu... Que mal fiz eu para sofrer tanto?» Todos ficavam impressionados, extremamente sentidos, mas nada sabiam responder-lhe, até que um dia o pe. Humberto foi visitá-lo. Sentou-se à beira da sua cama e começou a conversar com ele...

— Marcelo, você sofre muito?

— Muito, padre, muito... Por que eu?; por que eu?...

O pe. Humberto disse-lhe:

— Marcelo, olhe para o crucifixo: por que Ele, por que Ele?... Que mal fez Ele para sofrer tanto?

O menino ficou calado, perplexo, chocado... E perguntou mansamente, quase chorando:

— Por quê, pe. Humberto, por quê?

— Porque padeceu na Cruz pelos nossos pecados; porque, fazendo-se homem, quis satisfazer pelos delitos cometidos pelos homens. Deus, Pai, desejava essa satisfação. Você não gostaria de unir-se à Cruz de Jesus, ser tão bom como Ele e sofrer para redimir com Ele todos os homens?

— Sim, claro, mas como posso fazer isso?

— Olhe, você sabe que a Olívia, aquela moça *nissei*, que está tão grave, vai morrer, mas não quer confessar-se. Por que você não oferece as suas dores para que ela se confesse?

— Sim, vou oferecê-las, sim. Mas escreva num papel o nome dela para eu não o esquecer...

A partir desse momento, a atitude de Marcelo mudou completamente. O protesto converteu-se em paz e sorriso. A enfermeira estava impressionada.

Marcelo entrou em agonia e perdeu os sentidos. A enfermeira observou que tinha o punho direito sempre fechado e que pronunciava uma frase que ela não conseguia entender. Quando faleceu, abriu-lhe a mãozinha e dela tirou um papel amarrotado onde estava escrito: «Olívia». Foi então que entendeu as palavras que Marcelo murmurava: — «Por Olívia..., por Olívia...» Mas o mais admirável foi que, exatamente à hora em que Marcelo falecia, Olívia, espontaneamente, sem nada saber do fato, dizia ao pe. Humberto que queria confessar-se.

Os dois, Marcelo e Olívia, encontrar-se-iam lá em cima para rejubilar-se mutuamente ao entenderem, em toda a sua profundidade, que a dor unida ao sacrifício de Jesus desabrocha numa eterna alegria.

A dor leva-nos à decepção e à tristeza quando não sabemos encontrar o seu sentido sobrenatural. Quando, porém, sabemos que, através dela, nos estamos santificando e santificando os outros — que estamos sendo corredentores —, essa dor adquire tal valor aos nossos olhos que acabamos por sentir-nos felizes sacrificando-nos para que a vontade de Deus se realize. A dor, entendemos, vai ao encontro do Amor.

Pensando nisto, poderíamos perguntar-nos: Procuramos encontrar sentido em nossas dores? Pedimos luzes para entrever o significado que Deus quer dar a todos os acontecimentos desagradáveis? Pedimos ao Senhor que nos ajude a fazer um ato de esperança dizendo: *Omnia in bonum!* — tudo será para meu bem? (cf. Rm 8, 28). Sabemos olhar com frequência o crucifixo para oferecer os contratempos com espírito reparador? Pedimos ao Senhor a paciência necessária para *carregar a cruz de cada dia com alegria cristã?*

E então vamos adquirindo esse estado superior em que dos espinhos nascem rosas, em que do grão que morre brota a espiga fecunda, em que do Calvário emerge o exultante júbilo da Ressurreição, e da contrariedade o sorriso.

A alegria no lar

Cada lar tem de ser um santuário de paz e de alegria, uma autêntica «Igreja doméstica» (Rm 16, 5), um reflexo do lar de Nazaré, no qual se vive em trato íntimo com o Senhor.

A alegria e a paz não vêm de fora, brotam de dentro, ainda que se viva no último barracão da última favela. Por isso, se um lar não é alegre, não é por faltarem meios econômicos e sobrarem doenças. É simplesmente porque falta espírito cristão. Quando se vive de fé, a alegria transborda no meio da abundância e da carência, da saúde e da doença, do prazer e da dor.

É graças a essa fé que ganhamos forças para, por um lado, eliminar a tristeza e o pessimismo, e, por outro, incentivar o otimismo e o bom humor.

É graças a essa fé que conseguimos, em primeiro lugar, arrancar do lar as ervas daninhas da tristeza, e arrancá-las pela raiz, para que não se reproduzam. «Não compreendes — diz um dos primeiros escritos cristãos, o *Pastor de Hermas* — que a tristeza é o pior e o mais temível de todos os estados de espírito?» Não há nada pior para corromper um lar e estragar os filhos. Que os pais pensem nisso para superar, se necessário, essa tendência frequente à irritação, à dramatização, à zanga, ao mau gênio, à insegurança, à apreensão agourenta e ao pessimismo; que pensem também, com espírito de responsabilidade, que os angustiados e neuróticos são geralmente filhos de pais tristes e pessimistas.

E depois, é indispensável semear paz, bom humor e otimismo. Sim, é necessário no ambiente do lar saber rir, e fazer os outros rirem; aprender a contar uma boa piada; tirar importância aos pequenos incidentes da vida diária — o carro que enguiçou, o espelho que se quebrou, a sopeira cheia que caiu em cima do tapete, as gripes mensais, as enxaquecas diárias, as reprovações escolares e as brigas fraternas... —; saber olhar todas essas coisas pelo lado positivo, descontraído, amável e... divertido.

Por outro lado, é preciso cuidar dos detalhes: festejar os aniversários com carinho, não dispensar os presentes de Natal e especialmente celebrar com alegria as grandes festas da Igreja... Custa tão pouco fazer um bolo enfeitado com creme no dia da Páscoa, e também no ignorado dia de Pentecostes, e em tantos outros... Assim se conseguirá essa atmosfera de paz, de sossego, de equilíbrio, de serenidade e de alegria tão necessária para o desenvolvimento da personalidade dos filhos.

No seu relacionamento conjugal, os esposos têm de saber contornar com habilidade e bom humor os mil incidentes decorrentes do trato mútuo.

Li não há muito este episódio:

O marido chega do escritório com uma pontinha de humor irônica e vai dizendo sem pensar nas consequências: — «Hoje fizeram-me uma pergunta: "Qual a diferença entre o espelho e a mulher?" Sabe qual é a resposta? O espelho reflete sem falar, ao passo que a mulher fala sem refletir». A mulher «encaixa o golpe» e, depois de um momento de hesitação, responde: — «Eu também sei uma boa pergunta: "Qual a diferença entre um espelho e um marido?" A resposta é esta: O espelho é polido e o marido, nem sempre...» E os dois riram às gargalhadas[34].

O marido foi indelicado. Há anedotas que machucam. Mas o que salvou a situação nesse caso foi a habilidade da esposa, essa pitada de humor oportuno que desanuviou o ambiente e evitou uma «trovoada de verão».

Compreende-se que nem todos tenham a presença de espírito dessa senhora, mas todos podem tomar a decisão antecipada de não levar nada pelo lado trágico, de não ser escravos da sua suscetibilidade. Deve haver sempre esse espírito esportivo, descontraído, de quem sabe perder com um sorriso; esse modo de ser *light*, suave, que sabe levar na brincadeira o que poderia terminar em discussão violenta.

A arte de ser amável — *soft* — está muito ligada à arte de ser alegre. Há pessoas que não percebem que determinadas palavras, em si inofensivas, se tornam pesadas, acrimoniosas, azedas, por causa do acento com que são pronunciadas ou pelo caráter repetitivo de que se revestem.

Recordo-me de ter lido numa revista de jurisprudência um relato interessante, até divertido. O juiz da vara de família perguntava a um dos cônjuges por que estava solicitando a separação. Este respondeu:

— Porque não suporto duas palavras que ela sempre repete.

O juiz imaginou que seriam dois «palavrões» impronunciáveis, mas arriscou-se a perguntar:

— E que palavras são essas?

E com surpresa ouviu:

— Essas palavras são: *sempre* e *nunca*. Não as suporto, de jeito nenhum. Faz anos que ela me diz: «Você *sempre* fala com a boca cheia, *sempre* deixa desarrumado o quarto, *sempre* chega tarde às refeições...; *nunca* limpa os sapatos quando entra em casa, *nunca* me cumprimenta quando chega, *nunca* me dá o dinheiro suficiente...» O senhor juiz há de compreender que uma vida assim é insuportável.

Quem é capaz de dominar a sua língua será capaz de dominar-se a si próprio e de impregnar de serenidade e de alegria o seu lar.

Mas poder tão forte quanto a palavra tem o gesto, a atitude... Um gesto de desprezo, um rosto ranzinza, um silêncio agressivo, a forma de sentar-se, o lugar que se escolhe no carro ou na sala, podem ser, às vezes, considerados afrontosos. Uma senhora dizia-me que sentia indignação ao ver que o marido escolhia sempre a melhor poltrona diante da televisão:

achava essa atitude um indício do seu enorme egoísmo...

Sem o perceber, talvez estejamos semeando inquietação, mal-estar ou antipatia com um comportamento inadequado que, no entanto, já se tornou tão habitual que nem sequer reparamos nele.

Outro capítulo importante para tornar o lar um remanso de paz e de alegria é evitar as discussões. Os assuntos não se discutem, estudam-se serenamente, dialogando. É preciso distinguir entre um diálogo em que se expõem diferentes pontos de vista e uma discussão da qual não sai a luz, mas a briga.

O clima de discussão procede do cansaço, da irritação. É preciso acalmar-se, descansar. Abordar determinados temas em determinados momentos é simplesmente provocar. E quando estas provocações se multiplicam, institucionaliza-se no lar uma espécie de *guerra dialética*: quem a ganhará? Certamente os dois perderão.

Evitar as áreas de atrito e exercitar-se no espírito de reflexão serena é o melhor remédio para desviar-se das discussões e para criar um clima de paz e de alegria.

O ambiente do lar tem de ser amável, descontraído; as pessoas devem sentir-se à vontade. Mas isso não acontecerá quando existe *espírito de picuinhas*: pequenas críticas e gozações mais persistentes, observações negativas, irônicas, sem importância, mas cotidianas. Esse espírito cria um clima tenso: as pessoas sentem-se observadas e defendem-se com desculpas e variados mecanismos de defesa. E essa atmosfera cresce quando um dos cônjuges, perfeccionista, *fiscaliza* continuamente o comportamento do outro: — «Você faz ruído ao mastigar e isso incomoda; não deixa ninguém falar; interrompe as conversas dos outros; não suporto esse seu ar de autossuficiência»...

Essas implicâncias tiram a liberdade. Uma coisa é a correção amável, outra o *espírito inquisitorial*, que acaba por ser verdadeira tortura. É importante respeitar a liberdade do outro, deixar-lhe amplos espaços de autonomia, onde possa respirar em paz. Isto é fundamental para um convívio conjugal sereno e alegre.

É preciso também fomentar a habilidade no trato. Essa atitude tem muitos nomes: cortesia, tato, sentido de oportunidade... Os franceses chamam-no *savoir faire*, outros, *diplomacia*, que não é duplicidade, mas — quando retamente usada — delicadeza no trato ou simplesmente *psicologia doméstica*.

Entre nós, utiliza-se também uma expressão gráfica: *jogo de cintura*. Há pessoas que confundem sinceridade com rudeza. Com muita frequência, depois de dizerem uma grosseria, desculpam-se dizendo: — «Eu não tenho papas na língua».

É muito possível ser sincero e amável ao mesmo tempo, sabendo escolher as palavras certas para corrigir e, sobretudo, dizê-las no momento oportuno, impregnadas de serenidade e afeto. Que adianta obstinar-se em que se «tinha razão», depois de uma briga em casa? Que adianta alegar que se andava na rua *preferencial* depois de uma batida violenta? É melhor brecar humildemente antes do que argumentar depois: —

«Eu estava no meu direito». Não alegue direitos, evite desastres.

Alegre a vida do seu cônjuge quebrando a rotina. O carinho mútuo entra com frequência em períodos de letargia e hibernação ou, pelo menos, cochila longamente na indiferença.

Alegre a sua «cara-metade» com uma pequena surpresa: uma caixa de bombons ou um ramo de flores por algum aniversário, um prato especialmente gostoso, um passeio agradável, um daqueles galanteios de noivo.... Acordem, caríssimos amigos!... Talvez se estejam privando, um ao outro, de preciosas alegrias que nada custam, a não ser um pouco de atenção e imaginação.

Cada um dos esposos deveria ter a descontração de perguntar ao outro: — «Que você gostaria de fazer um dia na sua vida? Diga, por favor!:

— ir ao teatro;

— jantar num bom restaurante;

— que a acompanhasse a uma boutique para comprar um dos seus caprichos;

— comer uma peixada na praia»...

Satisfaça esses «caprichos» da sua «cara-metade».

Um juiz amigo — sério e circunspecto —, que passava por uma fase enfadonha de rotina conjugal, teve a «coragem» de perguntar isso à sua esposa — uma morena bem charmosa —, e ela respondeu-lhe: — «Sem dúvida; gostaria de que dançássemos juntos aos sábados naquela *gafieira* que frequentávamos quando éramos noivos». E ainda hoje podemos encontrar o nosso circunspecto juiz, com um sorriso de satisfação nos lábios, cada sábado às oito da noite, naquela *gafieira* da moda. Apenas um dia da semana deu um toque mágico à vida do nosso divertido casal.

Vamos, senhores, não deixem embolorar o lado brincalhão e alegre que deve ter todo o lar! Seja menos duro, mais *soft*, seja menos pesado, mais *light*.

A alegria no trabalho

Há pessoas que sentem nas suas costas o trabalho como um fardo... «E pensar que toda a minha vida vou ter que trabalhar assim»...

Lembro-me de um rapaz bancário, muito simples, que se orientava espiritualmente comigo. Não suportava o seu trabalho, sentia-se como se estivesse acorrentado. — «Todo o santo dia preenchendo os mesmos formulários... Não tenho possibilidade de desenvolver a minha inteligência, a minha *criatividade*... Malditos formulários!», murmurava. Falava-me frequentemente desse problema, sempre lamuriento e triste. Um dia, conversava com ele sobre o valor que tinham as coisas diante de Deus e referi-me àquela pobre viúva do Evangelho que lançou no cofre do Templo duas pequenas moedas sem nenhum valor, e que no entanto — apesar de outros depositarem grandes somas de dinheiro — foi a única que fez brilhar de alegria os olhos de Jesus.

De repente, o rapaz interrompeu-me: — «Tive uma ideia...!» — «Que ideia?» — «Quando voltar a falar com o senhor, conto-lhe».

Quinze dias depois, voltou contentíssimo, com um pacote embrulhado debaixo do braço. — «A ideia está aqui, no pacote...» E, rapidamente, desembrulhou-o e mostrou-me um cofre de papelão pintado de purpurina. — «Aqui está o segredo da minha alegria. Lembra-se de que lhe falava da falta de motivação que tinha ao preencher todo o santo dia aqueles formulários? Pois bem, cada vez que preencho um deles, ofereço-o a Deus e ponho uma moeda de papelão dourado dentro deste mealheiro, e veja lá...» Abriu o cofre por baixo e dele caiu uma porção de moedas. — «Este é o meu tesouro. Penso que, como a pobre velhinha, não tenho outra coisa para oferecer, e que assim posso alegrar Nosso Senhor. Cada formulário, uma moeda, um sorriso de Jesus... Estou feliz!»

A ingenuidade encantadora desse rapaz descobrira o grande segredo da felicidade: vislumbrar um sentido divino em cada ação humana, transformar as atividades mais monótonas num tesouro de amor. Como o Rei Midas que, segundo a lenda, transformava em ouro tudo o que tocava[35].

Se uma dona de casa — ou qualquer profissional — compreendesse que esses trabalhos domésticos ou outros pouco interessantes, sem incentivo e relevo, tão rotineiros, foram os trabalhos que santificaram Maria, a criatura mais perfeita que jamais existiu depois de Jesus, sentiria uma maior motivação na sua vida. Maria trabalhava o dia inteiro e amava o dia inteiro, porque a finalidade do seu trabalho era Jesus: para Jesus era a comida que fazia, para Jesus era a roupa que lavava, para Jesus era até o ar que respirava... Alegrar-nos-emos quando compreendermos deveras que qualquer trabalho, qualquer tarefa pequena, insignificante, trivial, pode tornar-se grande pelo amor.

As finalidades nobres do trabalho são muitas: «O trabalho, todo o trabalho, é testemunho da dignidade do homem, do seu domínio sobre a criação; é ocasião de desenvolvimento da própria personalidade; é vínculo de união com os outros seres; fonte de recursos para o sustento da família; meio de contribuir para o progresso da sociedade em que se vive e para o progresso de toda a humanidade. Para um cristão, essas perspectivas alargam-se e ampliam-se, porque o trabalho se apresenta como participação na obra criadora de Deus que, ao criar o homem, o abençoou dizendo: *Crescei e multiplicai-vos*»[36].

E esse sentido pleno do trabalho plenifica também de alegria aquele que o realiza.

Em primeiro lugar, com o seu trabalho, o homem prolonga o ato da criação divina, realiza uma tarefa de cooperação com o trabalho de Deus: leva a cabo um trabalho *criativo*.

Através do trabalho, vamos aperfeiçoando a nossa personalidade. Os entes irracionais — uma rosa, um passarinho — nada podem fazer para aperfeiçoar o seu próprio ser: é a natureza que lhes dá toda a beleza e perfeição que possuem. O homem não. É uma exigência da sua dignidade ir criando, ir recriando a sua personalidade, à força de trabalho. E isto é fonte de uma grande satisfação. Vai crescendo em nós uma íntima alegria ao verificar que estamos cooperando com Deus na culminação da nossa perfeição.

Bergson dizia incisivamente que «onde há alegria, há criação; e quanto mais rica a criação, mais profunda a alegria»[37].

O que se chama *realização* própria é exatamente isso: ir construindo — ir *criando* — o nosso ser até a sua plenitude de acordo com os desígnios de Deus. E a consciência desta *realização* permeia de júbilo todas as nossas ações.

Mas o trabalho, em segundo lugar, cooperando com Deus, cria o mundo que nos rodeia, vai construindo *um novo céu e uma nova terra* (Ap 21, 1), vai tornando mais humano e mais divino este nosso desmantelado planeta, incentivando o progresso social, político, cultural, técnico e espiritual. A civilização é um produto da criação humana. E o homem experimenta uma grande alegria ao ver o seu espírito projetado num sistema político, numa organização social, plasmado numa manifestação artística e cultural.

O trabalho feito a reboque da ansiedade, do corre-corre, do telefone, da obrigatoriedade impositiva e também do desleixo, da monotonia, do abandono, da preguiça que nada cria, é triste. O trabalho criador é alegre. É preciso ver a exaltação de um artista diante da sua obra, de um engenheiro diante da sua máquina, de um artesão com o produto do seu trabalho, de uma dona de casa que vibra com a descoberta de uma nova receita culinária!

Não condenemos a nossa personalidade à melancolia morna da inoperabilidade apática, e conduzamos o nosso espírito — à custa de qualquer sacrifício — à vibração jubilosa do trabalho criador. Saibamos plasmar a nossa personalidade original na mais insignificante e prosaica das nossas ações. Quando há amor criativo, esfregar o chão, limpar a ferida de um doente, bater à máquina, pode representar uma ação altamente gratificante.

Leonardo da Vinci, trabalhador incansável, morreu em paz murmurando: — «O que pude fazer, fiz». Oxalá pudéssemos dizer o mesmo. O homem só morrerá feliz quando puder afirmar: — «Missão cumprida».

Mas o trabalho produz alegria especialmente porque é um veículo do amor. E o amor, como já dissemos, é a fonte da alegria. Dá tanta alegria trabalhar para tornar o mundo melhor e os homens mais felizes!... Uma mãe é capaz de passar a vida inteira trabalhando com alegria porque trabalha por amor. Façamos cada um de nós pessoalmente essa experiência: dediquemo-nos num dia qualquer da semana — no lar, na repartição, na oficina, no escritório, na escola, no hospital... — a trabalhar para tornar mais feliz a vida daqueles que estão ao nosso lado e verificaremos, sem dúvida — jubilosamente! —, que foi o dia em que nos sentimos mais contentes.

O homem foi criado *para trabalhar como a ave para voar* (Jó 5, 7). O trabalho não é um castigo. Para nós, trabalhar deveria ser tão natural como é natural para a ave voar. Deveríamos largar o nosso ser inteiro, solto, leve, no trabalho, como a ave estende as suas asas e se entrega ao impulso da brisa com essa leveza, com essa elegância de estilo inigualável.

Deveríamos sentir-nos no trabalho como o pássaro no ar, «como o peixe na água»..., e isso nos daria essa paz indispensável para que possa brotar naturalmente — como mana a água do seio da montanha — uma alegria pausada, contínua e profunda.

Por que não nos entregamos com serenidade e alegria ao trabalho? Por que não descobrimos nele um desejo do nosso Pai Celeste, para colaborar com Ele na construção do mundo e de nós mesmos? Por que, perguntaríamos com Rabindranath Tagore — o trabalho não nos acalma e alegra?

Se foste criado para trabalhar
como a ave para voar,
se o pássaro voando se sente feliz
como o rio correndo para o mar,
como o fogo ardendo na chama,
como a flor perfumando o ar...,

por que não te torna feliz o trabalho?
Talvez porque não te entregas a ele
com a plenitude do amor,
como o fogo se entrega na chama,
como o pássaro se doa no ar,
e a flor no perfume
e o riacho no mar.

Se soubéssemos ver em cada partícula do nosso trabalho essa dimensão criadora, essa grandiosa tarefa de amor, o trabalho representaria para nós o que representa o ar para o pássaro e a água para o peixe: a atmosfera natural da nossa vida. E sentiríamos a alegria simples daquele funcionário de banco que aprendeu o segredo evangélico de capitalizar tesouros no Céu preenchendo inexpressivos formulários burocráticos.

A alegria do esquecimento próprio e da doação

O egocentrismo leva à tristeza. A excessiva preocupação pela felicidade acaba por arruiná-la.

Alguém me comentava recentemente:

— Logo que me levanto, sinto que há algo de inquietante e desagradável que me espera. O senhor não o percebe na atmosfera? O ar do Rio está carregado de tensão.

— Não, eu não sinto isso. O ar do Rio não está carregado de tensão. A tensão não está no ar, mas na sua mente, no seu coração.

Ficou perplexo.

— Será mesmo?

— Sim, é assim mesmo. Está aí dentro de você.

— Mas então, o que provoca essa tensão?

A resposta que dei, mais suave, embora bem clara, porque era um homem que gostava de ouvir as verdades com paliativos, foi a seguinte:

— Tudo isso vem da preocupação excessiva por si mesmo. Uma auto-ênfase nas suas coisas, uma certa obsessão de perder o que tem, de que aconteça alguma coisa. Tem medo dos perigos da rua, tem receio dos problemas que deve resolver, dos sacrifícios que o dia lhe vai impor, das responsabilidades com que deve arcar. Tem pavor de ficar doente, de sofrer, de ser infeliz. É uma tensão cujo coeficiente cresce artificialmente por causa de um fator: sempre está pensando em si mesmo.

— Que fazer?, perguntou-me.

— Seja menos subjetivo. Viva voltado para a vida como a vida é. Como Deus a quis. Aceite-se a si próprio, a sua saúde, a sua condição econômica, as suas circunstâncias, a sua esposa, a sua profissão, os seus colegas... Tente fazer felizes todas essas pessoas, esquecendo-se de si próprio.

— Vamos fazer uma experiência — continuei —. Acompanhe o meu pensamento e procure sentir o que lhe estou dizendo.

E comecei a dizer-lhe em voz baixa, pausadamente:

— Você está numa situação extremamente difícil. Você não tem nada; perdeu a família, o dinheiro e a saúde; é um indigente: está abandonado num hospital de indigentes...

Ele interrompeu-me:

— Se eu estivesse nessa situação, haveria de sentir-me extremamente infeliz. Que coisa estranha me está propondo! É algo inconcebível!

— Não. Há milhares de pessoas no país que se encontram nessa situação. Conheço esses hospitais de indigentes. E há muitos que estão em paz e alguns até felizes... Medite um pouco nisto que lhe estou dizendo, devagar, serenamente...

O meu amigo ficou muito sério e em silêncio durante algum tempo.

Depois acrescentei:

— Subitamente, batem à porta e entra no quarto a sua esposa, que lhe diz: — «Meu bem, o café está na mesa».

— Mas, e o hospital?

— Isso foi apenas um sonho. Agora, você olha para a sua casa, os seus móveis, despede-se dos filhos que vão sair para a escola, lembra-se dos amigos: «Tenho família, tenho amigos, que felicidade! Mais ainda, sou filho de Deus! Ele não me criou para a tristeza, mas para a alegria! Ele me ama...!»

O meu amigo entendeu:

— Eu tenho tudo isso, todos os dias, e não lhe dou valor... Muito obrigado por esta reflexão... Agora já não sinto que a atmosfera do Rio esteja tão carregada de tensão.

«Não és feliz, porque ficas ruminando tudo como se sempre fosses tu o centro: é que te dói o estômago, é que te cansas, é que disseram isto ou aquilo... — Experimentaste pensar nEle e, por Ele, nos outros?»[38]

Pensar nos outros — nos que sofrem, nos que nada têm —, esquecer-nos de nós mesmos, tentar fazer felizes os outros, eis um caminho direto e seguro para chegar à felicidade. *Há mais alegria em dar do que em receber* (At 20, 35), diz Cristo.

Viktor Frankl, através da sua longa experiência clínica, chegou a esta conclusão: «A felicidade não pode ser procurada, tem que vir ao nosso encontro, e isso só acontece como um efeito colateral, não intencionado, da dedicação pessoal a uma causa mais elevada do que o próprio eu, ou como produto concomitante à entrega a uma pessoa»[39].

A generosidade paga em forma de alegria. E paga bem. Os homens generosos são alegres. Já «a tristeza é a escória do egoísmo»[40]. O egoísmo produz como excrescência a tristeza, e a alegria é o grande fruto da generosidade. Assim o diz o Evangelho: *Dai e dar-se-vos-á; uma medida cheia, repleta e sacudida vos será lançada no seio. Porque com a mesma medida com que medirdes sereis medidos* (Lc 6, 38).

A alegria do contentar-se com o que se tem

Alegre-se com o que tem e não se lamente daquilo que lhe falta. É outra receita que também funciona.

Lamentava-me com o meu pai de um forte abalo econômico que a família tinha sofrido. Íamos caminhando pela rua. Meu pai não me respondeu. Disse-me apenas: — «Olha esse rapaz». Em sentido contrário, vinha um rapaz numa cadeira de rodas. E então meu

95

pai simplesmente acrescentou: — «Vamos ficar contentes com o que temos, que aliás é muito: a nossa saúde, a nossa família, a nossa fé... Não vamos queixar-nos do que perdemos». A lição foi inesquecível.

Há pessoas que vivem exatamente o contrário: se não têm algo de que queixar-se, inventam-no. Vivem uma espécie de *síndrome da lamentação*.

É tão universal esta *síndrome* que já passou para as histórias em quadrinhos. Um dos personagens das tiras de Mafalda — do desenhista argentino Quino —, o pequeno Guille, tem essa tendência constante para a lamentação e o pessimismo. Um dia, queixou-se: «Eu tinha uma coisa ótima para dizer, mas não consigo lembrar-me do que era...»[41] Das coisas alegres ele se esquece, e das tristes sempre se lembra.

Noutra ocasião, Guille estava triste. Mafalda perguntou-lhe:

— Que acontece, Guille?

— Doem-me os pés — respondeu, no meio de prantos. Mafalda reparou nos seus pés e explicou-lhe:

— Claro, Guille, você pôs os sapatos ao contrário.

Guille, depois de reparar que era verdade e de corrigir o desacerto, recomeçou a chorar desconsoladamente. Mafalda interrompeu-o:

— E agora, por que está chorando?

— Agora, o que me dói é o orgulho!...

Há pessoas que são como o Guille; quando não têm uma razão objetiva para os seus lamentos, inventam-na. Ou melhor, vão procurá-la na verdadeira causa de todas as tristezas, escondida no orgulho. Podemos dizer que a verdadeira causa da tristeza é essa maneira de enaltecer-nos, de querer ser — como Guille — infalíveis.

Os humildes, os que se julgam na medida certa, sempre se consideram pouca coisa; aos orgulhosos, pelo contrário, com o seu ego inchado, tudo lhes parece pouco. E esse inchaço patológico torna a pele da alma inflamada, muito sensível: qualquer coisa os machuca e entristece.

Devemos fomentar nobres ambições a fim de conseguir e desenvolver tudo aquilo que faz parte da nossa vocação humana e cristã. Mas também devemos saber contentar-nos com o que temos e somos: o nosso corpo, a nossa saúde, o nosso temperamento, as nossas limitações, a família em que nascemos, o lar em que vivemos, a profissão em que trabalhamos, o caráter das pessoas que nos rodeiam...

Contaram-me há algum tempo uma história interessante.

Uma família judia vivia sempre descontente, cheia de atritos e protestos, mal-humorada e lamurienta: «A nossa casa é pequena demais. Vivemos amontoados, não há espaço para nada!» Um amigo aconselhou o casal a consultar um velho rabino muito sábio. Depois de lhe contarem tudo o que lhes acontecia, este disse-lhes que já sabia como solucionar o problema, mas precisava da sua palavra de que obedeceriam às suas indicações. Concordaram. O rabino disse-lhes:

— Comprem uma cabra, metam-na dentro de casa e voltem daqui a uma semana...

Perplexidade e protestos:

— Mas isso é inconcebível!

— Os senhores concordaram em obedecer..., têm de cumprir a palavra.

Voltaram depois de uma semana.

— Como vão as coisas? — perguntou-lhes o rabino.

— Péssimas! Se antes corriam mal, agora ficaram insustentáveis! Por favor, dê-nos outro conselho.

— Fiquem com a cabra mais uma semana... e depois voltem.

— Mas não é possível...

— Têm de obedecer.

Na semana seguinte, repetiu-se a mesma cena, mas de forma mais dramática. O conselho foi o mesmo:

— Continuem com a cabra e voltem daqui a uma semana.

Na terceira semana, a situação era catastrófica. O casal voltou em estado de total prostração.

— Por favor, por favor, tenha compaixão de nós.

— Está bem. Tirem a cabra, limpem o chão e as paredes, e voltem na próxima semana.

Na semana seguinte, voltaram radiantes.

— Como estão as coisas agora? — perguntou-lhes o rabino.

— Nem imagina!... Estão ótimas!...

— Pois então que continuem assim! — E insistiu incisivamente: — *Que continuem assim!* — E, dando meia-volta, disse laconicamente: — «Passem bem!» E foi-se embora.

Moral da história: contentemo-nos com o que temos, saibamos dar valor aos atributos e dádivas com que Deus nos favoreceu... Já o fato de vivermos é um grande presente de Deus... A família, o emprego, os parcos recursos econômicos, a saúde, ainda que precária..., o pequeno apartamento..., tudo isso é muito!

Imaginemos que, nesse contexto, nos entrasse «a cabra» e se instalasse na nossa casa. A «cabra» pode ser qualquer coisa capaz de nos afligir: uma doença grave, um forte conflito familiar, a infidelidade conjugal, a marginalização de um filho, uma perda económica considerável... Agora tiremos mentalmente essa «cabra» do nosso lar... Que alívio! Sentir-nos-emos contentes no nosso canto, dando graças a Deus por todos os males de que nos poupou, por todos os benefícios que nos dispensou..., até por aqueles que ignoramos. Diremos ao Senhor: «Muito obrigado; não te peço nada; está ótimo»; e — lembrando-nos das palavras do rabino —: *Senhor, que as coisas continuem assim, que continuem assim, Senhor!*

Alegria e bom humor

Quando jejuardes, não tomeis um ar triste (Mt 6, 16), disse-nos Jesus. Como podemos, pois, imaginá-lo com um «ar triste», sério? Podemos imaginá-lo assim na alegre festa das bodas de Caná da Galileia? Aliás, esse milagre foi como um *gracejo divino*, uma alegre intervenção: não converteu a água em vinho por causa de uma necessidade vital, mas simplesmente para aumentar a alegria de uns noivos interioranos no dia do seu casamento. O próprio Deus feito homem «adianta a sua hora» — faz o seu primeiro milagre! — por uma razão tão pouco «transcendental», tão «trivial», como a de multiplicar o júbilo de uma festa...

Decididamente, não imaginamos o Senhor com um ar sombrio entre aqueles convivas, como também não o imaginamos assim entre aquelas crianças da Palestina que corriam por Ele não já pelas suas *palavras de vida eterna* — que não entenderiam —, mas pela sua simpatia, pelo seu carinho, pelo seu sorriso. As crianças nunca se aproximam dos adultos mal-humorados.

Jesus atraía crianças, mas atraía também jovens, adultos e velhos, porque a todos oferecia um perfil amável e cordial, de alegre simpatia. Não é um lance de cálida benignidade «canonizar» um ladrão no último instante? E não pensemos que, se o conhecemos por «o bom ladrão», é porque roubava piedosamente ou assaltava os viajantes dizendo jaculatórias... Ele roubava, e talvez matasse, impiedosamente. Um sujeito assim, um bandoleiro de estradas, ganhar o Céu de uma «tacada» não parece uma piada? É a infinita misericórdia de um Deus alegre que diz ao seu filho arrependido: «Venha cá, você e Eu, que sofremos juntos, vamos ser felizes juntos!» Mas que alegria, que alegria para nós, pecadores, essa jovial benignidade de Deus...!

Não é necessário multiplicar os exemplos. Tenho para mim que, se em duas ocasiões o Evangelho nos diz que Jesus chorou — diante de Jerusalém e do túmulo do seu amigo Lázaro —, é porque foram momentos «marcantes» da sua vida; e que, se não se mencionam expressamente as ocasiões em que ria ou sorria, é porque isso devia ser habitual nEle. Aliás, já no início da criação, quando a Sagrada Escritura diz que Deus brincava pelo orbe da terra — *ludens in orbe terrarum* (Pr 8, 31) —, o Rei do universo se mostra dono de uma descontração e de uma leveza incomparáveis.

É que tudo o que é genuinamente humano é um reflexo da natureza e do poder divino: quem criou a alegria, quem deu ao homem a sua imensa capacidade hilariante não terá, por acaso, uma alegria infinita e uma atitude bem-humorada para além de qualquer limite?

Reparemos num detalhe: Jesus multiplicou o vinho, mas um vinho de boa qualidade. Um dito sentencioso afirma: «O vinagre é o mau humor do vinho»[42]. Multipliquemos na nossa vida o bom vinho, não o vinagre. Não deixemos que o saboroso vinho da vida doméstica, do ambiente no trabalho profissional, perca o seu grato sabor e se torne azedo como vinagre. Cultivemos o bom humor!

Não caiamos, porém, na figura do «engraçadinho», superficial e vaidoso, que faz gala de um engenho pouco original, nem na atitude do irônico mordaz e gozador que utiliza o humor como arma de defesa ou de ataque... Que o nosso humor seja transparente, leve, que nunca utilize como motivo os defeitos ou as falhas dos outros, que seja estimulante como um copo de bom vinho.

Como já vimos, num lar, num escritório, numa fábrica, o ambiente é alegre ou triste não tanto pelos fatos que lá ocorrem como pela atitude que se assume diante desses fatos. Reparemos que *com a mesma uva* se obtêm o vinho e o vinagre, como, de igual forma, dos mesmos fatos pode derivar a alegria ou a tristeza. Depende do processo de fermentação, da maneira de proceder.

Uma situação pesada ou embaraçosa, que facilmente poderia converter-se numa tempestade, pode dar lugar, com um pouco de habilidade e bom humor, a um episódio cheio de graça. É preciso converter, no alambique do nosso engenho, o aborrecido em agradável, o enfadonho em espirituoso.

Passeando um dia pelas ruas de Roma (costume reintroduzido por ele), o papa João XXIII ouviu uma senhora cochichar para a companheira: — «Meu Deus, como ele é gordo!» O papa deteve-se um instante, junto da senhora, surpresa de ter sido ouvida, e disse-lhe sorrindo: — «Minha senhora, o Conclave em que se elege o Sumo Pontífice não é um concurso de beleza»[43]. Uma situação embaraçosa, que poderia resultar em algo desagradável, converteu-se numa alegre «tirada» espirituosa, num bom lance biográfico.

Quantos rostos poderíamos desanuviar, quantos ambientes tensos poderíamos suavizar, quantas tempestades familiares poderíamos dissipar com um pouco de bom humor...

Deveríamos ter um dispositivo automático que se pusesse em movimento — em forma de gracejo, de toque jocoso — nessas situações mais carregadas em que poderia sair da nossa boca uma palavra azeda ou ferina. É muito útil para isso ter sempre à mão um bom arsenal de episódios divertidos.

Um amigo voltou de um retiro disposto a introduzir no seu lar alguns costumes cristãos, como o de abençoar os alimentos antes das refeições. No jantar, falou à família desse seu desejo e o caçulinha, que não tinha papas na língua, disse:

— Mas, papai, isso é chato à beça...!

Todos ficaram olhando para o pai. Poderia estourar uma bronca ou, pelo menos, uma lição «moralista». Mas não. O pai sorriu e disse:

— Bom, já que você não quer que abençoemos a mesa, pelo menos gostará de ouvir uma piada que acabam de me contar.

— Isso, isso..., uma piada!

— Ia um caçador pela floresta infestada de animais, atemorizado porque só tinha uma bala no rifle. «Senhor, se aparecer uma fera, pelo amor de Deus, que acerte no primeiro tiro», rezava o bom caçador. E, de repente, apareceu-lhe a pouca distância um leão que rugia agressivamente. «Senhor, que acerte o tiro, que acerte o tiro», continuava a rezar o nosso homem. O leão aproximava-se perigosamente. O caçador apontou a arma e... pum!... falhou o tiro. Caiu de joelhos e rezou com os olhos fechados: «Senhor, agora só me resta um milagre... Ajudai-me, Senhor!»... Os rugidos aumentavam cada vez mais e o caçador rezava cada vez mais intensamente...

Os olhos do caçulinha brilhavam.

— E daí, pai... e daí?

— Daí que subitamente o leão deixou de rugir e, quando o caçador abriu os olhos para ver o que acontecia, encontrou na frente o leão, também de joelhos, com as garras entrelaçadas, que rezava, rezava... «Milagre! Milagre! É um leão católico!», exclamou o caçador, no mais entusiasmado delírio... Naquele momento, escutou uma voz cava, rouca, voz de leão, que dizia: «Abençoai, Senhor, estes alimentos que vamos comer»...

As gargalhadas foram monumentais... Grande sucesso!

Na refeição seguinte, o caçulinha disse ao pai:

— Como é que falava o leão?

E o pai, imitando a voz do leão, repetiu:

— Abençoai, Senhor, estes alimentos que vamos comer, por Cristo Nosso Senhor...

A partir dessa refeição, a bênção dos alimentos ficou institucionalizada.

É certo que nem sempre teremos à mão uma piada de caçador para contar, mas pelo menos a saída do nosso bom amigo poderia servir-nos de estímulo para a nossa imaginação.

O nosso engenho tem que saber dar uma «virada» nos acontecimentos. Não pensemos que o nosso estado de ânimo depende da sorte, do «azar», de um céu claro ou nublado; depende principalmente da nossa atitude interior: «O tempo pouco tem que ver com o meu humor — escrevia Pascal —; trago os meus nevoeiros e o meu bom tempo dentro de mim»[44].

Mudemos interiormente da melancolia para o bom humor, se queremos que à nossa volta impere a alegria.

A história está cheia de episódios que nos falam do bom humor dos nossos irmãos no cristianismo. Desde São Lourenço que, martirizado na grelha a fogo lento para ver se renegava a sua fé, disse ao imperador Diocleciano que, atônito, contemplava a cena: — «Pode mandar virar-me que, do lado das costas, já está bem passado»..., até São Tomás More, o «premier» da Inglaterra, que, quando ia ser decapitado na Torre de Londres por não se curvar às pretensões de Henrique VIII contrárias à sua fé, disse ao carrasco: — «Ânimo, rapaz, não tenhas medo de cumprir o teu dever. O meu pescoço é muito curto. Cuida, pois, de não cortá-lo de lado, para que não fique abalado o teu prestígio...» E ainda acrescentou sorrindo: — «Deixa-me ajeitar a barba, não aconteça que também a cortes. Ela não tem nada que ver com isto»[45].

Um intelectual, humanista de grande porte, como era Thomas More, o autor da *Utopia*, mostrou-se simples, quase infantil, quando elaborou uma oração para pedir o bom humor. Pedia-o todos os dias como se pede um grande dom: «Dai-me, Senhor, a saúde do corpo e, com ela, o bom senso para conservá-la o melhor possível. Dai-me, Senhor, uma boa digestão e também algo para digerir. Dai-me uma alma santa, Senhor, que mantenha diante dos meus olhos tudo o que é bom e puro. Dai-me uma alma afastada do tédio e da tristeza, que não conheça os resmungos, as caras fechadas ou os suspiros melancólicos... E não permitais que essa coisa que se chama o "eu", e que sempre tende a dilatar-se, me preocupe demasiado. Dai-me, Senhor, o sentido do bom humor. Dai-me a graça de compreender uma piada, uma brincadeira, para conseguir um pouco de felicidade e saber dá-la de presente aos outros. Amém».

Esta oração foi composta por um homem que estava condenado à morte, que sabia que morreria em breve. Só podia partir de alguém que vivia o cristianismo a fundo[46].

Estes episódios todos não podem ficar como engraçados bibelôs históricos na vitrine da nossa memória; têm que ser incorporados de alguma maneira. É uma exigência do nosso compromisso cristão e da consciência que temos de que, para os filhos que amam a seu Pai-Deus, *tudo contribui para o bem*. «Um homem de Deus — dizia São Filipe Néri — deve estar sempre de bom humor». E acrescentava: «Fora da minha casa a tristeza e a melancolia. E se alguém me diz: Isso é muito fácil de dizer quando não se têm preocupações, respondo-lhe: É *necessário* dizê-lo *para* afastar as preocupações»[47].

Quanta ajuda presta a um lar ver o lado divertido da vida, rir à vontade no meio de uma pequena tragédia doméstica, e mais ainda, rir de si próprio! O espírito esportivo é útil para quase tudo.

Esse sentido de humor dá certo domínio sobre os acontecimentos, sobre as situações que nos rodeiam. E, para nós, isso depende em grande parte da consciência que tivermos de ser filhos de Deus: — «Que estejam tristes os que não se sabem filhos de Deus», costumava dizer São Josemaria Escrivá.

Como nos rimos quando nos lembramos daquelas «tragédias» da nossa infância — a bola que perdemos, a matéria em que fomos reprovados, o passeio que fracassou... Pois bem, aquele que souber olhar as coisas com perspectiva de eternidade — com as pupilas de um filho de Deus — também compreenderá que os nossos «dramas» presentes são ninharias quando vistos através do amável prisma divino, sempre cheio de serenidade. E saberemos desanuviar um ambiente pesado com uma boa piada, com uma gostosa gargalhada, no momento em que tudo parecia levar a um clima de verdadeira «tragédia».

Georges Chevrot diz-nos que «há virtudes que só dão fruto a longo prazo, e outras que têm a sua recompensa imediatamente; este é o caso da pequena virtude do bom humor»[48]. Não podemos deixar de optar pelo bom humor! É algo que vale a pena!

SAIR AO ENCONTRO DA ALEGRIA

Temos de sair todos os dias ao encontro da nossa querida amiga, a alegria. Parece que não a vemos, que não existe. Mas a verdade é que está escondida por trás de cada coisa com que deparamos diariamente, como a vida está escondida na palpitação de cada ser e o amor em cada coração humano... Não é tão difícil encontrá-la.

Procure a Deus

Quando estamos doentes, vamos procurar o médico; quando precisamos de dinheiro, dirigimo-nos a um estabelecimento financeiro; quando temos de construir uma casa, valemo-nos de um arquiteto... E quando estamos tristes, que devemos fazer? Diz *Caminho*: «Para dar remédio à tua tristeza, pedes-me um conselho. — Vou-te dar uma receita que vem de boa mão — do Apóstolo Tiago: — *Tristatur aliquis vestrum?*: Estás triste, meu filho? — *Oret*: Faz oração! — Experimenta!»[49]

Experimentaram-no muitos homens e mulheres ao longo de vinte séculos de cristianismo: os mártires, os confessores, as virgens e milhões de cristãos comuns.

O escritor Armando Valadares, que esteve nas prisões da Cuba comunista, sofrendo um trato verdadeiramente desumano por mais de vinte anos, chegando a situações-limite, para além da capacidade normal, escreve na sua obra *Contra toda a esperança*: «Todas as noites, nesses minutos que antecedem o sono, recomendava-me a Deus pedindo-lhe que fortalecesse a minha fé; a minha preocupação constante era não afundar-me no desalento e no desespero. Em minhas conversas com Deus, na solidão daqueles minutos, ia encontrando o ponto de apoio na fé que, com o decorrer dos anos, seria submetida a tirânicas provas de resistência das quais sairia vitoriosa.

Uma atitude de confiança diante de todas as circunstâncias difíceis transformou-se em mim num instrumento de combate. Mais de vinte anos depois, os coronéis da Polícia Militar seriam forçados a comentar, com odiosa inveja, que *eu sempre estava rindo*. Tiraram-me o espaço, a luz, o ar, mas *não puderam tirar-me o sorriso*»[50].

Tamanha força para vencer o desalento, superar a tristeza e conservar o sorriso veio-lhe de algo muito simples e muito grande: a oração.

Que significa, porém, fazer oração? Fazer oração é conversar com Deus, elevar o coração a Ele, abrir-se diante da Sua presença.

Deus não está longe, lá em cima onde brilham as estrelas. Está perto, ao nosso lado. O nosso Deus, não é o Deus das distâncias astronômicas. É para nós Jesus, um Deus de coração humano, Aquele que nasceu num presépio, morreu na Cruz e ficou no Sacrário por nosso amor. E Ele nos diz: *Eu estarei convosco todos os dias até o fim dos tempos* (Mt 28, 20).

Está junto de nós; mais ainda, está dentro de nós: *Se alguém me ama, guardará a minha palavra, e meu Pai o amará, e viremos a ele, e nele faremos a nossa morada* (Jo 14, 23). Está mais dentro de nós do que nós mesmos, porque está na própria raiz do nosso ser: *Nele vivemos, nos movemos e existimos* (At 17, 28). Podemos encontrá-lo e conversar com Ele em qualquer momento. Com Ele, que é a fonte de toda a alegria e de toda a felicidade.

Quando queremos acender a luz, ligamos o interruptor. Um pequeno dispositivo põe-nos em contato com toda a rede de energia que se estende pelo país. É uma maravilha! Pois bem, colocar-se na presença de Deus e dizer-lhe: «Meu Senhor e meu Deus, creio firmemente que estás aqui, que me vês, que me ouves...» é como ativar o dispositivo espiritual que nos põe em conexão pessoal com essa infinita rede de poder, de sabedoria, de compreensão, de carinho, de alegria que é Deus... Não é um mecanismo eletrônico o que se põe em movimento, é um coração de Pai que está à nossa escuta. É alguém que nos diz, tendo nas suas mãos toda a riqueza do universo: *Pedi e dar-se-vos-á, buscai e achareis, batei e abrir-se-vos-á, porque todo aquele que pede recebe, o que busca, acha, e a quem bate, abrir-se-lhe-á* (Mt 7, 7).

Mas para isso é preciso ter fé. *Se pedirdes com uma fé tão grande como um grão de mostarda, direis a essa montanha: Arranca-te e lança-te ao mar, e assim se fará* (Mt 21, 21). Não basta, pois, uma fé interesseira, que só se lembra de Deus na hora dos «apertos». As alegrias de Deus não se «compram» em troca de quatro bugigangas, de quatro orações mal alinhavadas... Deus espera de nós uma fé confiante, que se abra num diálogo filial e amável, que nos leve a falar com Jesus, exatamente como faríamos se nos encontrássemos com Ele sentados à margem do mar de Tiberíades ou à sombra de uma oliveira lá na Palestina: «Senhor, hoje estou triste... Acabo de receber esta notícia desagradável... Estou sentindo o meu corpo doente... Não espero grandes coisas nos próximos anos... Senhor, ajuda-me!»

Peçamos, sim, que Ele não deixará de nos atender. *Vinde a mim, todos os que estais fatigados e sobrecarregados, e Eu vos aliviarei* (Mt 11, 28), disse Jesus.

Poderíamos perguntar-nos: acreditamos nestas palavras? Se não acreditamos, estamos ofendendo a infinita veracidade e o poder de Deus. Mas, se acreditamos, por que não nos lançamos nos braços do Senhor, como uma criança nos braços de seu pai?: *Confiai-lhe todas as vossas preocupações porque ele tem cuidado de vós* (1 Pe 5, 7).

A oração supera todas as depressões. Jesus entrou no Horto das Oliveiras abatido, dizendo: *A minha alma sente uma tristeza mortal*. E saiu de lá fortalecido, perguntando corajosamente: *A quem procurais?* (Jo 18, 4). E, quando lhe disseram: *A Jesus de Nazaré*, respondeu: *Sou eu*. E foi tal a força da sua palavra, após horas seguidas de oração ao Pai, que os soldados caíram por terra.

«Não há nem desespero nem tristeza amarga para quem reza muito», dizia o converso intelectual Léon Bloy[51].

A oração cura todas as tristezas. Que é mais difícil curar: a tristeza ou a lepra? O leproso disse ao Senhor: *Se queres, podes curar-me* (Mt 8, 2). Não disse «se podes», mas «se queres». Confiava no poder do Senhor. E o Senhor respondeu-lhe: *Quero, sê limpo* (Mt 8, 3). E instantaneamente ficou curado.

Mas, além de atrair em nosso favor o poder de Deus, a oração cria em nós a capacidade de aprofundar no sentido da vida e das coisas, de conhecer o motivo das nossas tristezas — o orgulho, a perda da fé, o apego a valores falsos... —, e, em consequência, de enxergar o roteiro dos verdadeiros valores, redescobrindo o brilho da estrela da nossa vocação. E quando nela reparamos — quando voltamos a vislumbrar a pista do «tesouro» —, alegramo--nos também, como os magos, com uma imensa alegria.

A oração tem, por fim, outro aspecto extremamente eficaz, embora pareça mais passivo, porque deixamos toda a iniciativa nas mãos de Deus. Nós, como uma porção de barro nas mãos do oleiro — *sicut lutum in manu figuli* (Jr 18, 6) —, colocamo-nos nas mãos do Artista divino para dizer-lhe: «Senhor, tu sabes o que me convém; corta, acrescenta, purifica, molda, burila, de acordo com os teus desígnios. Sei que queres que eu seja feliz: faze-me, Senhor, feliz do teu jeito».

E Ele atua.

É muito conhecida a história daquele mendigo violinista que, à porta da igreja, tocava cada domingo a mesma peça no seu velho violino, à espera de que lhe lançassem aos pés umas pobres moedas. Um dia, tocava essa sua única música diante de um pequeno auditório que o escutava benignamente. O violino rangia desafinado... Quando terminou, um senhor muito distinto pediu-lhe polidamente o instrumento. Afinou cuidadosamente as cordas e começou a tocar. E fê-lo de tal maneira que em poucos minutos a praça ficou cheia de gente; as notas ecoavam no ar com uma agilidade e vibração arrebatadoras. Foi quando, no meio do silêncio, se ouviu um grito: — «É o meu violino; é o meu violino!» Era o pobre mendigo que bradava entusiasmado, orgulhoso, porque do seu violino saía uma música tão maravilhosa... Quem tocava era o grande violinista Sarasate, interpretando genialmente uma das suas *Árias ciganas*.

Uma vida triste é uma vida desajustada, desafinada. Deus não nos criou para a tristeza, mas para a alegria. Ele sabe como nos tornar felizes. Coloquemos o pobre violino do nosso coração — talvez desgastado, triste e melancólico — nas mãos do Grande Artista, para que Ele afine as suas cordas enquanto lhe oramos. E o nosso miserável instrumento, que às vezes só sabe interpretar as mesmas lamúrias e queixumes, poderá surpreender-nos com a qualidade das suas notas.

Talvez nos admiremos um dia de que a nossa desgastada carcaça possa produzir tão bela música e gritemos entusiasmados: — «É o meu violino!» É que o Artista é tanto mais genial quanto pior o instrumento de que se serve. E assim acabaremos por reconhecer: — «É o violino de Deus!» *In manibus tuis, Domine, sortes meae* (Sl 30, 6), diz o Salmo: *Nas tuas mãos, Senhor, está a minha sorte*. Confio em Ti; orienta a minha vida; endireita os caminhos tortos da minha tristeza; muda os meus sentimentos; afina as fibras do meu coração...

Mas não nos esqueçamos de Maria na nossa oração. Ela é a «Onipotência suplicante» e, ao mesmo tempo, a «causa da nossa alegria». Ela nos diz a todos nós, como Nossa Senhora de Guadalupe ao índio Juan Diego, lá no México, no início da evangelização da América Latina: «Não se perturbe o teu rosto nem o teu coração, não temas... Não estou Eu aqui, Eu que sou a tua mãe? Não estás sob a minha sombra e resguardo? Não sou Eu a fonte da tua alegria? Não estás debaixo do meu manto e em meus braços? Por acaso tens necessidade de alguma outra coisa? Nada te aflija ou te perturbe...»[52] Como podemos continuar tristes depois de recorrer a Maria?

Duvidamos de tudo isto que acabamos de dizer? Não acreditamos nessa receita do Apóstolo Tiago que nos fala da oração como o melhor remédio para a tristeza? Por que não a experimentamos? Por que não fazemos um teste durante uma semana inteira, recolhendo-nos diariamente em oração por quinze minutos, no quarto ou numa igreja?

Esforce-se por ser alegre

Mas orar não basta. Um conhecido adágio espiritual diz: «Faze tudo como se tudo dependesse de ti, e espera tudo como se tudo dependesse de Deus». É preciso lutar, esforçar-se.

Isto parece de certa forma contradizer o que dizíamos no começo destas páginas: que a alegria não se encontra por si mesma; é a consequência de um estado interior. Pois bem, se é certo que a alegria não é algo que se encontre diretamente — que é um fruto —, nós podemos esforçar-nos por plantar e cultivar as árvores que dão como fruto a alegria.

Com efeito, há muitos que aceitam que lhes digam: «Esforce-se por não ser preguiçoso», mas não entendem que lhes aconselhem: «Lute por ser alegre», porque pensam que a alegria é um dom — um dom que uns têm a sorte de possuir e outros não. Podemos, porém, lutar por conseguir aquilo que produz a alegria. Existem hábitos mentais tristes e hábitos mentais alegres. Os hábitos conseguem-se à base de repetição de atos e chegam a arraigar tão fundo que passam a constituir como que uma segunda natureza.

Por hábito, há quem seja, por assim dizer, «constitutivamente» triste ou alegre. E este hábito muda a feição dos acontecimentos, dando-lhes um colorido diverso. É como se se dispusesse de umas lentes que tornam tudo luminoso ou melancólico. Existe uma espécie de «complexo de Cinderela» que, na opinião de Colette Dowling[53], cria uma rede de atitudes negativas que mudam a trama básica da vida humana: há nesse complexo um fundo de queixumes, um certo sentimento de ser posto de lado, de ser pouco considerado, relegado ao canto da «gata borralheira», de ser injustiçado por todos e pelo próprio destino. Como Cinderela, as pessoas que são dominadas por essa ideia fixa vivem esperando que venha de alhures algo maravilhoso — como um príncipe encantado — que as resgate, que lhes dê um toque mágico e consiga transformar-lhes a vida. Há uma espécie de fatalismo inconsciente que as faz tomar uma posição passiva, que espera, que sempre espera o advento de algo que as liberte da sua prostração, sem que ponham em movimento esforçadamente toda a sua capacidade criadora.

Lembro-me de que numa festa de Natal todos festejavam, em casa de meus pais, o caçulinha. E de repente reparei que o penúltimo irmãozinho, ainda criança, estava num canto, tristonho, repetindo para si próprio: «E para mim nada, e para mim nada...» Deu-me uma pena enorme. Assim como ele, há pessoas que ficam num canto da vida familiar e social, alimentando esse sentimento melancólico, sustentando a mágoa de não serem beneficiadas pelos favores da vida, pela atenção dos outros, pelo sucesso e pelo amor. Ficam choramingando à espera de algum acontecimento que as liberte da sua forçada escuridão.

Outros há que vivem de maneira bem diversa. Encarnam a «mentalidade de Poliana», aquela simpática menina que tinha aprendido do seu pai um princípio importante: «Não existe mal algum que não tenha uma parcela capaz de nos alegrar». Por isso sempre fazia e ensinava o «jogo do contente»[54], que consistia em encontrar nos acontecimentos tristes o seu aspecto alegre. Poliana fez maravilhas. Entre elas a de recuperar-se da sua paralisia e a de encontrar um noivo para a sua tia solteirona. Nós podemos fazer cada dia o «jogo do contente» ou cair no «complexo de Cinderela».

Proponho-lhe uma experiência. Imagino-a como uma mulher casada, de meia idade, mas também poderia imaginá-lo um homem maduro ou um rapaz de vinte anos; é fácil fazer uma transposição mental de circunstâncias. A experiência é a seguinte. Comece o dia fomentando pensamentos tristes. Sirva-se de algum estribilho musical bem melancólico como, por exemplo, aquele da velha canção: «Ninguém me ama, ninguém me quer... a vida passa... de fracasso em fracasso... cansaço da vida, cansaço de mim, velhice chegando e eu chegando ao fim»... Entretenha-se cantando baixinho essa música, repetidas vezes. Depois comece a pensar nas coisas «aborrecidas» que tem de fazer naquele dia..., a olhar as paredes descascadas do banheiro, a pilha de louça que ainda resta por lavar...; olhe-se no espelho, contemple essas suas longas olheiras, esses cabelos esbranquiçados, puxe a língua para fora (está horrorosa); olhe depois para a fotografia do casamento, quando era tão jovem e tão bonita, com tantas esperanças... Constate novamente a realidade no espelho e na situação atual da família, e avalie o contraste...

— O café já está pronto?, pergunta o marido.

— O café não está pronto coisa nenhuma! Ainda são 6h30 da manhã... — A voz sai rouca, mal-humorada...

— Pois vou chegar tarde ao trabalho..., reclama o marido.

Aí passe pelo quarto de Ricardo, o seu filho. Está dormindo:

— Levante-se, preguiçoso... Você pensa que o dinheiro chove do céu? É preciso trabalhar!

O filho levanta-se de mau humor e encontra o banheiro ocupado pela Mônica, sua irmã:

— Pode ir saindo, princesinha... Esta não é uma *toilete* para artistas de cinema... — e empurra-a para fora puxando-lhe a orelha...

— Mamãe, o Ricardo está me machucando...!

E você exclama:

— Esta casa é um zoológico...!

E o pai grita:

— Que droga de família!

Não, por favor, retiro o que disse antes: não faça nunca essa experiência, guarde-a apenas na memória.

A vida social, a vida familiar é um espelho que reflete o próprio rosto. Se o lar parece um zoológico, se os outros estão de mau humor ou reagem agressivamente, é porque, com grande probabilidade, o pai ou a mãe se levantaram com cara de «porco-espinho». É isso o que o espelho reflete.

Os americanos falam frequentemente da influência marcante do «líder» nas empresas e nos partidos políticos. Pois bem, na família, o pai e a mãe exercem sempre essa liderança. E existe a liderança da agressividade, do mau humor, e também a liderança da amabilidade, do amor, da paz e da alegria.

Um pai e uma mãe alegres tornam um lar alegre.

Pode fazer uma experiência diferente. Procure levantar-se com outra mentalidade, fazer o «jogo do contente». Comece a cantar, por exemplo: «Estava à toa na vida / e o meu amor me chamou / pra ver a banda passar / cantando coisas de amor...»

Antecipe-se ao marido: — «Meu bem, estou um pouco atrasada, desculpe, daqui a pouco sirvo-lhe o café». — «Coitado do Ricardo, está dormindo, ficou muito cansado ontem!; Ricardo, continue um pouco mais na cama; quando a Mônica sair do banheiro, eu o aviso»... — «Mônica, não demore, o Ricardo está com pressa»...

Os fatos são os mesmos; a mentalidade, porém, mudou. Ninguém grita: — «Esta casa é um zoológico!»...

É preciso sorrir, desculpar, aparar arestas, exercer a liderança da amabilidade, do amor, da paz, da alegria; é preciso fazer o «jogo do contente», descobrir em cada circunstância, em cada acontecimento, em cada pessoa uma mensagem de amor. É preciso implantar o hábito do bom humor.

Mas, para tanto, é imprescindível esforçar-se, marcar metas, examinar-se diariamente, talvez com estas ou outras perguntas semelhantes: Procuro ver tudo através de uma ótica positiva, ou tenho tendência à crítica e à reclamação? Incentivo os projetos que alegram a vida dos outros ou sou um desmancha-prazeres? Quando o dia começa de modo monótono, ou quando me sinto cansado, acabrunhado, esforço-me por mudar a direção e o tom das minhas palavras e atitudes? Pratico a arte de semear por adiantado simpatia, amabilidade, descontração...?

Garanto-lhe: capitalizar alegria e paz — um pouco cada dia — é o melhor investimento nestes tempos de ansiedade e mau-humor inflacionário que estamos vivendo.

Agradeça, elogie, lembre, sorria...

A alegria e o bom humor têm muitas e variadas expressões. Quando a alegria é autêntica, é sempre amável: expressa-se em detalhes. Detalhes de gratidão que manifestam alegria e ao mesmo tempo a fomentam.

O pai dá à criança um bombom. O filho, sem esperar, começa a mordê-lo. — «Como é que se diz?» Ainda com a boca cheia, o menino consegue articular: — «Obrigado, papai!» O pai de família acaba de dar uma lição ao seu filho, mas será que ele, no trato com a esposa, com os colegas, adota a amável atitude da gratidão?

Seria bom que um marido reparasse no número de peças de louça ou de roupa que a esposa lava por dia. Se as multiplicasse pelo número 365 e também pelo número de anos do casamento..., terminaria, sem dúvida, dizendo-lhe muitas vezes: — «Obrigado, querida, muito obrigado»[55]. Se não se manifesta assim, não seria o caso de adverti-lo também: — «Como é que se diz?»

Obrigado, sim, muito obrigado!, não apenas à minha esposa, não apenas aos meus filhos que me dão a alegria de ter uma família, mas também, obrigado, Senhor, por este mundo bonito que quiseste dar-me de presente, obrigado pela brisa que acaricia o meu rosto quando abro a janela de manhã; obrigado pela saúde que me deste, porque, apesar dos meus achaques — de que tantas vezes me queixo —, posso olhar as coisas bonitas que me rodeiam, posso andar, correr, abraçar, amar; obrigado por esta fé que me deste, que me faz sentir teu filho; obrigado, Senhor, por tudo isto e, por favor, peço-te que não leves em consideração os meus esquecimentos e a minha ingratidão, pois também eu sei passar por cima dos esquecimentos do meu caçulinha...

Sim, temos que dizer muitas vezes com alegria: muito obrigado!; e isso multiplicará o júbilo de Deus e o daqueles que vivem ao nosso lado.

Algo parecido acontece com o elogio. O elogio sincero tem um poder mágico; incentiva, valoriza, reanima. Não se trata de bajular, mas de estimular.

Elogie o novo vestido da sua esposa, a lasanha gostosíssima que fez. Não deixe de louvar o acerto do marido ao sustentar aquela opinião no jantar com a gente da firma. Compre uma bola para o seu filho porque, depois de vários meses de esforço, tirou um dez em matemática. Convide seu pai a jogar com a bola que você ganhou de presente ou a ver aquele «vídeo» tão *nice* que também ganhou, porque ele está sendo tão «legal» com você... Diga-lhe: — «Pai, você é o mais legal de todos os pais!»

Quando for necessário fazer uma correção, comece por congratular-se com alguma qualidade de quem erra. Dá tanta alegria ser corrigido quando se percebe que há carinho!

Detalhes que aumentam a alegria... Notei um dia a satisfação dos meus alunos da Faculdade de Direito quando, apesar de serem muitos, comecei a chamá-los a cada um pelo nome. Lembre-se do nome das pessoas e de algum pormenor característico da sua personalidade. Dá tanto contentamento ser resgatado do anonimato!

Lembre-se, minha senhora, de que o seu marido gosta de que esteja bonita dentro de casa; lembre-se de que ele já lhe disse que não gosta daquela cor de batom, daquele conjunto esnobe; lembre-se de que não é tão difícil deixar o cônjuge contente — basta esforçar-se por acabar com aquela mania tola que tanto o irrita... Não se esqueça de dizer que gosta dele tanto como naqueles dourados dias do namoro e que continua tão charmosa — ou tão «bonitão» — ou ainda mais... Esses cumprimentos têm também um resultado mágico: tornam o outro mais aberto, mais sensível e especialmente mais alegre.

Lembre-se de todos esses detalhes, mas lembre-se especialmente de que, às vezes, o melhor é não se lembrar: não se lembrar daquela situação comprometedora, daquela gafe ridícula, daquela grosseria, daquela infidelidade... Lembre-se de que o melhor muitas vezes é esquecer...

Mas nunca se esqueça de que uma das maiores alegrias que se podem dar é a de um sorriso..., um sorriso sincero, transparente, que coloca a simplicidade do coração nos lábios entreabertos, que deixa ver um pouco a cor da alma.

Francis Trochu, um dos melhores biógrafos de Bernadette Soubirous, mostra as mil delicadezas que teve Nossa Senhora com ela nas diversas vezes em que lhe apareceu em Lourdes: o modo amável e respeitoso com que conversava com ela, a elegância e simplicidade com que se apresentava, o uso do *patois*, do dialeto que a humilde camponesa falava... Mas especialmente frisa a frequência do seu sorriso encantador. Bernadette falava muito desse sorriso carinhoso, às vezes triste, mas sempre maternal, desse sorriso que tornava o seu rosto de uma beleza incomparável, tanto que um incrédulo francês conhecido pelo seu caráter sarcástico, o conde de Bruissard, movido pela curiosidade, foi de Cauterets, onde se encontrava, até Lourdes para falar com a vidente.

E conta o seguinte:

«Eu vivia encerrado na minha incredulidade porque andava extraviado. Li num jornal que a Virgem tinha sorrido a Bernadette e fui a Lourdes com a intenção de, por astúcia, apanhar a menina em flagrante delito de mentira. Entrei na casa dos Soubirous e encontrei a menina a remendar umas meias.

— Ora bem! — disse-lhe —, como sorria a tua Senhora?

— Senhor, para reproduzir aquele sorriso, é preciso ser do Céu — respondeu a pequena pastora.

— Experimenta. Eu sou um incrédulo.

A essas palavras, toldou-se o rosto da menina.

— Posto que sois um pecador, repetirei o sorriso da Virgem.

«E levantou-se devagar, cruzou os braços diante do peito e esboçou um sorriso celestial que eu nunca tinha visto desenhado em lábios humanos. E ali fiquei, imóvel, persuadido de ter visto a Virgem sorrir no rosto da pequena vidente.

«Desde então, aquele sorriso bonito me acompanha; chegou a fazer de mim um perfeito católico»[56].

Um sorriso derrubou o orgulho de um homem altivo. Quem dera que, de alguma forma, se viesse a estampar no nosso rosto um reflexo desse sorriso divino! Não seria nada de mais, porque, no fim das contas, fomos feitos *à imagem e semelhança de Deus*.

Depois de muitos anos, um amigo meu passou pelo colégio em que cursamos o secundário. Quantas e quão gratas lembranças! E junto do grande portão de entrada encontrou novamente a pobre velhinha que nos vendia pipocas e guloseimas. Durante anos tínhamos parado diante da sua barraquinha. E qual não foi a sua surpresa quando ela, olhando-o afetuosamente, lhe disse:

— Que bom! Você novamente por aqui!
— Mas você se lembra de mim? Como é possível, depois de tantos anos?
— É que todos compravam e se iam embora. Você comprava e sorria para mim... Eu nunca me esqueci desse sorriso.
— Deus do Céu! — comentava o meu colega —. E eu sem saber que causava alegria àquela pobre velhinha com um simples sorriso... E as vezes em que não sorri? E as vezes em que, no convívio com outras pessoas, fiquei sério ou de «cara amarrada»? Que lição a daquela tão esquecida velhinha!

Alguém escreveu que «um sorriso põe pérolas nos lábios». Quando li isso, pensei ironicamente: «Se os dentes forem bonitos...» Mas em qualquer caso, bonitos ou feios, o sorriso ilumina o rosto, atrai as pessoas, torna eloquente a palavra, amável a atitude. Num sorriso pode caber todo aquele divino preceito: *Amai-vos uns aos outros como eu vos amei* (Jo 13, 34); num sorriso podem caber o perdão e a condescendência que não se sabem manifestar com palavras;

num sorriso, breve, cabe a imensa gratidão que o mais belo presente não pode expressar; mais ainda, com um sorriso dissipa-se a tensão e a inquietação... «Tudo o que agora te preocupa cabe dentro de um sorriso, esboçado por amor de Deus», diz São Josemaria Escrivá[57].

Aprendamos a sorrir amando e expressemos o nosso amor com um sorriso.

Pequenas expressões de alegria, detalhes que tecem e entretecem a preciosa renda da vida humana... Pormenores que tornam a convivência humana transparente, compacta, resistente e bela, como um diamante que capta a luz e a irradia, fazendo-a brilhar em mil pontos.

Seja semeador de paz e alegria!

A paz e a alegria, bem como a amargura e o mau humor, são contagiosos.

É inevitável. Como é inevitável que os vírus e as bactérias transmitam a sua virulência. Existem como que «micro-organismos psicológicos» — pequenos gestos, atitudes imperceptíveis, jatos de silêncio, breves sorrisos irônicos... — que ostensivamente não transmitem nem alegria nem tristeza, mas que, de uma maneira subliminar, talvez atuando no subconsciente, acabam por contaminar o ambiente.

Na literatura inglesa, é muito conhecido um episódio que denominam *Sir Francis Galton's famous walk* ou seja, o famoso passeio de Sir Francis Galton, um dos sábios mais célebres do século XIX.

Sir Francis fez um dia a seguinte experiência: disse de si para si: «Vou sair à rua e dar um passeio enquanto penso intensamente que todo o mundo me odeia, que a Inglaterra inteira me odeia. Vou sair firmemente convencido de que todos os ingleses me detestam».

Sir Francis só «pensava» que era objeto de um ódio universal, julgando, porém, que o seu aspecto externo era totalmente normal. Com enorme surpresa, no entanto, observou que todos os transeuntes com quem se cruzava lhe faziam caretas de desprezo. Um indivíduo grosseiro deu-lhe um encontrão na calçada, o que até então nunca lhe tinha acontecido, e no espaço de dez minutos sucederam-lhe outras várias coisas, entre elas ser alvo de uma prolongada vaia.

Não sei o que poderá haver de certo nesta história tão tipicamente inglesa. O que sei é que, incontestavelmente, o estado de ânimo se comunica, que o bom ou mau humor de um grupo de pessoas está condicionado, não poucas vezes, pela predisposição de algumas delas, ou mesmo de apenas uma delas, que tem influência sobre as outras.

Não é apenas a gripe que é contagiosa. Há sem dúvida uma forma de «melancolia infecciosa» e de «mau humor por contágio». *A* cólera — o mau humor — é mais contagiosa do que *o* cólera.

Da abundância do coração fala a boca (Lc 6, 45), diz o Senhor no Evangelho. Se há alegria ou mau humor, fala a boca, expressa-o o rosto, externam-no as atitudes, deixa-se contagiar o ambiente...

Que ninguém veja no nosso rosto a anatomia de um passado triste, o retábulo de umas lembranças dolorosas. Um gesto fechado, uma contração dos músculos, um modo duro de fechar as sobrancelhas, de comprimir os lábios... atuam sem que nós o percebamos — como sinais de inquietação, como uma mensagem subliminar de tristeza...

Que o decorrer dos anos, as decepções do passado ou as preocupações com o futuro, o cansaço e as doenças não nos roubem essa atitude aberta, elástica, descontraída, bem-humorada, que é o cartão de visita de todo o cristão, o seu sinal característico.

Para nós, cristãos, a alegria na sua dimensão social tem assim fundamentalmente dois aspectos: por um lado, tende a derramar-se e a comunicar-se, e, por outro, atrai, cativa.

A alegria não é algo artificial ou postiço. Sai de dentro. Por isso, tende naturalmente a dilatar-se, a comunicar-se; quem está contente não o pode ocultar. É assim que o amor que temos pelos nossos irmãos, por este mundo tão belo que nos rodeia e por Deus, se derrama em forma de simpatia, de acolhimento cordial, de apostolado espontâneo. E, ao invés, quando alguém fica fechado dentro de si mesmo e não difunde as verdades cristãs, está dizendo aos gritos — sem abrir a boca — que a sua fé e o seu amor são insuficientes. A maior ou menor vibração em termos de evangelização indicam o maior ou menor entusiasmo espiritual. O apostolado é um termômetro da nossa alegria no seguimento de Deus.

Por outro lado, a alegria atrai, chama. Todos querem compartilhar a vida de um homem alegre. Existe em todos nós — já o vimos — uma polarização para a felicidade e para as suas expressões visíveis. Tendemos para ela como os corpos para o seu centro de gravitação. É uma lei que não podemos eludir. Por isso, quando vemos numa personalidade esse reflexo de felicidade que chamamos alegria, sentimo-nos naturalmente cativados.

Dizíamos em outro lugar que, se alguns homens de Deus — como São Francisco de Assis — trouxeram no seu corpo os sinais da Paixão de Cristo em forma de chagas, nós todos poderíamos muito bem trazer nas nossas atitudes, no nosso rosto, no nosso sorriso, o sinal da Ressurreição de Cristo, que é a alegria: seríamos então verdadeiramente testemunhas de Cristo ressuscitado! E arrastaríamos os outros como aqueles pescadores do lago de Tiberíades que se converteram em pescadores de homens e arrastaram o mundo atrás deles.

Todo o pescador precisa, para atrair os peixes, de uma isca. E a nossa isca de pescadores de homens é a alegria, a amabilidade humilde e serviçal que se expressa numa atitude alegre, num gesto cordial, num sorriso. Muitos fracassos apostólicos têm aí a sua origem: nas atitudes duras, nos rostos carrancudos, na amargura, na mágoa, na falta de disponibilidade, de acolhimento e simpatia.

A Madre Teresa de Calcutá foi um dia abordada por um grupo de professores norte-americanos que lhe pediram um conselho para serem mais eficazes nas suas lides pedagógicas. A Madre limitou-se a responder-lhes: — «Sorriam. Digo-o completamente *a sério*»[58].

Sorrir é uma coisa muito séria. Os que levam a sério as suas responsabilidades apostólicas sabem sorrir, sabem ser joviais.

«O apostolado cristão não é um programa político nem uma alternativa cultural; consiste na difusão do bem, no contágio do desejo de amar, numa semeadura concreta de paz e de alegria», diz São Josemaria Escrivá[59].

Os cristãos devem ser no mundo «semeadores de paz e de alegria»[60], um bálsamo de amabilidade, de compreensão e de júbilo. Deste modo, a verdade irradiará e se estenderá *sicut fluvium pacis* (Is 66, 12), como um grande rio de paz e de alegria.

Se queremos falar de Deus, da mensagem evangélica, erradiquemos de vez qualquer palavra que tenha um sabor de amargura, de crítica negativa ou pessimismo. Comecemos sempre a falar com um sorriso...

Plenitude de alegria

A alegria que quisemos descortinar ao longo destas páginas não é uma alegria cujas manifestações se limitem ao espiritual, ao transcendental e ao eterno, como também não se reduzem ao humano e ao temporal. É — tem de ser — uma alegria plena, que esteja presente no ser humano em toda a sua integridade: na cabeça e no coração, no corpo e no espírito, na sua realidade temporal e na eterna: alegria cristalina que há de envolver num só abraço corpo e alma, pessoa e próximo, indivíduo e comunidade, homem e relação com Deus.

Isto é, uma alegria que chegue à plenitude, em profundidade — atingindo o fundo do nosso ser — e em extensão — abrangendo a nossa vida do princípio ao fim. Uma alegria que tome a nossa personalidade toda desde as suas raízes e que permaneça nela para sempre.

Mas isto é possível? Quem é capaz de estar sempre alegre? Quem pode conseguir permanecer alegre no meio da dor, da doença, da perda de um ser querido, no fracasso ou perante os angustiosos pressentimentos de uma desgraça irreparável ou de uma morte que já nos está espreitando no canto dos nossos dias? Como poderemos conseguir essa permanência, se tudo flutua ao sabor das marés da vida? Tudo, sim, menos Deus.

A felicidade de Deus é imperturbável. Por isso, só aqueles que buscam o motivo das suas alegrias em Deus é que conseguem um *estado* de alegria inabalável.

Para que a sua alegria desaparecesse ou diminuísse, seria preciso que Deus se eclipsasse ou passasse por momentos em que, por assim dizer, fosse «menos Deus». Ora, isto é impossível. É por isto que Cristo afirma: *Disse-vos estas coisas para que a minha alegria esteja em vós e a vossa alegria seja plena* (Jo 15, 11).

São Paulo podia exclamar: *Superabundo in gaudio in omni tribulatione mea* (2 Cor 7, 4): a minha alegria transborda no meio de todas as minhas tribulações. É a vitória sobre as angústias desta vida. Se o Apóstolo encarava a grande morte com valentia, dizendo: *Onde está, ó morte, a tua vitória; onde está, ó morte, o teu aguilhão?*, também nós podemos desafiar essas outras «mortes» menores, as contrariedades quotidianas, dizendo: Onde está, ó sofrimento, o teu pavor?, onde está, ó doença, a tua lamúria?, onde está, ó tristeza, o teu pessimismo?

O segredo é, pois, um só: estarmos unidos a Deus através do Amor. Pensemos mais uma vez que, quando alguém está humanamente apaixonado, consegue realizar coisas incríveis, suportar pesos aparentemente esmagadores, padecer dores que parecem insuportáveis. Se isto é assim com o amor humano, que será com o amor de Deus, que merece acima de toda a medida o nosso sacrifício alegre, porque Deus é infinitamente amável e nEle não há traições nem decepções?

Isto não quer dizer que os santos não sofram. Deus não lhes deu um salvo-conduto que lhes permita passar por cima das contrariedades sem sofrer. Mas dá-lhes os recursos necessários para converter tudo isso em alegria, entrega-lhes uma ferramenta para que consigam esculpir as desventuras, transformando-as em sofrimentos jubilosos. Isto pode parecer um mistério. É que, na realidade, representa o dom misterioso da graça, que permite a um homem dizer: «Tu fizeste, Senhor, que eu entendesse que ter a Cruz é encontrar a felicidade, a alegria (...); ter a Cruz é identificar-se com Cristo, é ser Cristo e, por isso, ser filho de Deus»[61].

É assim que todos os acontecimentos acabam por converter-se em afluentes daquele grande rio de paz que desemboca no mar da infinita felicidade de Deus. E desse modo entende-se também que, no meio das sombras desta vida, se comece a sentir na terra um antecipado sabor de Céu. Quanta razão, pois, para que alguém que viveu a plenitude da alegria no meio dos sofrimentos possa ter escrito: «Estou cada vez mais persuadido disto: a felicidade do Céu é para os que sabem ser felizes na terra»[62].

É assim que a alegria, a despeito de todas as desventuras, chega a ser plena e permanente. É a alegria do trabalho criador posto a serviço dos outros. É a alegria da contrariedade e da dor, que acabam por tornar-se cruz redentora. É a alegria que brota desse domínio próprio, forte e tenso, que supera custosamente o mundo do puramente material e biológico. É a alegria de nos convertermos com esforço em semeadores de paz e em construtores de uma nova «civilização do amor». É a alegria do dia-a-dia, desse *bom humor* que, unido ao sacrifício, ao carinho e ao bom senso, se revela como uma forma superior de inteligência que transmuda o caráter dos nossos pensamentos e atitudes, desfazendo tempestades e desanuviando ambientes abafados. E é especialmente *a alegria de amar*. De amar esta terra bonita que Deus nos deu como patrimônio, de amar os nossos irmãos os homens: a alegria cálida de amar que consiste em dar e em dar-se generosamente. E de amar, como fundamento e resumo de todas as alegrias, a beleza, a perfeição, o poder, a sabedoria de um Deus que é para mim Pai e Mãe, infinita e incansável fonte de onde brota todo o amor existente.

Isto é entusiasmo: a plenitude da alegria. Aquilo que permitia a Davi não apenas dizer, mas cantar: *O meu coração e a minha carne exultam de alegria no Deus vivo* (Sl 83, 3).

Entusiasmo significa, na sua raiz grega, *endeusamento, Deus dentro de nós*: a força de Deus, a vibração e a alegria de Deus dentro de nós. Compreendemos onde está, em última análise, a fonte do verdadeiro entusiasmo cristão, da esplêndida *alegria de viver* que não tem altos e baixos, que não é um estado de ânimo, que nunca termina?

NOTAS

(1) H. Bergson, *L'énergie spirituelle*, 27ª ed., Paris, 1940, p. 23; (2) cfr. Josemaria Escrivá, *É Cristo que passa*, Quadrante, São Paulo, 2009, n. 35; (3) cfr. *Suma Teológica*, I-II, q. LXIX, a. 2; (4) F. Dostoievski, *Les frères Karamazov*, Paris, Livre de poche, t. I, p. 299; (5) A. Camus, *Le malentendu*, Paris, 1961, p. 19; (6) cfr. J. P. Sartre, *La nausée*, Paris, 1960, p. 163-164; (7) Goethe, *Sobre el amor incipiente de Wilhelm Meister hacia Marianne*, Madri, 1953, p. 72; (8) Santo Agostinho, *Confissões*, IV, 16; (9) cfr. J. Eugui, *Anécdotas y virtudes*, Rialp, Madri, 1987, p. 16; (10) São João da Cruz, *Canções da alma* e *Chama de amor viva*, in *Obras completas*, 2ª ed., Vozes, Petrópolis, 1988, p. 37; (11) Santa Teresa de Jesus, *Exclamações*, in *Obras completas*, 2ª ed., Eds. Carmelo, Aveiro, 1978; (12) J. Leclercq, *Elogio de la pereza*, Rialp, Madri, 1957, p. 35; (13) A. Vázquez de Prada, *O Fundador do Opus Dei*, Quadrante, São Paulo, 2004, p. 511; (14) J. Wassermann, *Etzel Andergast*, Buenos Aires, 1946, p. 28; (15) Ramón Gómez de la Serna, *Greguerías*, in *Obras Selectas*, Edit. Plenitud, Madri, 1947, p. 592; (16) Tristão de Athayde, *Jornal do Brasil*, 28-07-1983; (17) S. Kierkegaard, in J. Collins, *El pensamiento de Kierkegaard*, México, 1958, p. 168; (18) *Missal Romano*, preparação da Missa; (19) Josemaria Escrivá, *Carta*, 19-01-1959, cit. por F. Gondrand, *Al*

paso de Dios, Rialp, Madri, 1948, p. 67; (20) Leibniz, *Discurso sobre a metafísica*, 36, 37; in Julián Mariás, *La felicidad humana*, Alianza Editorial, Madri, 1981, p. 124; (21) Leibniz, *Teodicéia*, Introd., *ibid.*, pp. 125 e 126; (22) *ibid.*, p. 127; (23) Léon Bloy, in *As grandes amizades*, Agir, Rio de Janeiro, 1952, p. 73; (24) São João da Cruz, *Canções da alma* e *Chama de amor viva*, pp. 37 e 38; (25) Goethe, *Sobre el amor incipiente de Wilhem Meister hacia Marianne*, p. 72; (26) Santo Agostinho, *In Psalm.*, 22; (27) cfr. Josemaria Escrivá, *Sulco*, Quadrante, São Paulo, 2014, n. 94; (28) Dominique Lapierre, *Muito além do amor*, Edit. Salamandra, São Paulo, 1992, p. 361; (29) H. Sopp, *Tratado de psicologia cotidiana*, Zeus, Barcelona, 1965, p. 30; (30) J. Wassermann, *El caso Maurizius*, Barcelona, 1947, p. 324; (31) cfr. R. Llano Cifuentes, *Otimismo*, Quadrante, São Paulo, 2000, p. 15; (32) cfr. J. B. Torelló, *Psicologia aberta*, Quadrante, São Paulo, 1987, p. 118; (33) P. Lerch, *La estructura de la personalidad*, Barcelona, 1971, p. 255; (34) cfr. M. Desmarais e M. Barbosa, *Pílulas de otimismo*, 10ª ed., v. II, Petrópolis, 1982, p. 49; (35) cfr. Josemaria Escrivá, *Forja*, Quadrante, São Paulo, 2014, n. 742; (36) *É Cristo que passa*, n. 47; (37) H. Bergson, *L'énergie spirituelle*, p. 23; (38) *Sulco*, n. 74; (39) V. Frankl, *Man's search for meaning*, Simon & Schuster Inc., Nova York, 1984, p. 12; (40) Josemaria Escrivá, *Amigos de Deus*, Quadrante, São Paulo, 2014, n. 92; (41) Quino, *Toda Mafalda*, Martins Fontes, São Paulo, 1991, p. 48; (42) *Greguerías*, p. 563; (43) cfr. *Pílulas de otimismo*, p. 31; (44) cit. por G. Chevrot, *As pequenas virtudes do lar*, 4ª ed., Quadrante, São Paulo, 1990, p. 51; (45) A. Vázquez de Prada, *Sir Thomas More*, cit. por J. Eugui, *op. cit.*, p. 18; (46) cfr. J. B. Torelló, *Psicologia aberta*, p. 123; (47) cfr. *As pequenas virtudes do lar*, p. 92; (48) *As pequenas virtudes do lar*, p. 92; (49) Josemaria Escrivá, *Caminho*, 9ª ed., Quadrante, São Paulo, 1999, n. 663; (50) A. Valadares, *Contra toda a esperança*, Edit. Intermundo Ltda., São Paulo, 1986, p. 69; (51) *As grandes amizades*, p. 75; (52) cfr. F. Ansón, *O mistério de Guadalupe*, Quadrante, São Paulo, 1990, p. 21; (53) cfr. C. Dowling, *O Complexo de Cinderela*, Rio de Janeiro, 1984, pp. 26 e ss; (54) E. Porter, *Poliana*, Rio de Janeiro, pp. 53 e ss; (55) cfr. *As pequenas virtudes do lar*, pp. 21-22, e *Pílulas de otimismo*, pp. 52-54; (56) I. Segarra, *Histórias marianas para rezar*, Prumo, Lisboa, 1983, p. 28; (57) *Sulco*, n. 89; (58) cfr. *Anédoctas y virtudes*, p. 19; (59) *É Cristo que passa*, n. 124; (60) *É Cristo que passa*, n. 168; (61) in A. Vázquez de Prada, *O Fundador do Opus Dei*, p. 143; (62) *Forja*, n. 1005.

Direção geral
Renata Ferlin Sugai

Direção editorial
Hugo Langone

Produção editorial
Juliana Amato
Ronaldo Vasconcelos
Daniel Araújo

Capa
Provazi Design

Diagramação
Sérgio Ramalho

ESTE LIVRO ACABOU DE SE IMPRIMIR
A 11 DE JUNHO DE 2025,
EM PAPEL OFFSET 75 g/m^2.